大帅府

Da Shuai Fu

始建于民国三年（1914年）

BAI NIAN FENG HUA

张氏帅府博物馆 编

百年风华

辽宁人民出版社

图书在版编目（ＣＩＰ）数据

百年风华大帅府 / 张氏帅府博物馆编. − 沈阳：
辽宁人民出版社, 2018.11
　ISBN 978-7-205-09500-0

　Ⅰ.①百… Ⅱ.①张… Ⅲ.①张作霖（1875-1928）
−故居−画册②张学良（1901-2001）−故居−画册 Ⅳ.
①K878.2-64

　中国版本图书馆CIP数据核字(2018)第267028号

出版发行：辽宁人民出版社
　　　　地　　址：沈阳市和平区十一纬路25号　邮编：110003
　　　　电　　话：024-23284321（邮　购）　024-23284324（发行部）
　　　　传　　真：024-23284191（发行部）　024-23284304（办公室）
　　　　http://www.lnpph.com.cn
印　　刷：辽宁奥美雅印刷有限公司
幅面尺寸：238mm×306mm
印　　张：19
字　　数：350千字
出版时间：2018年11月第1版
印刷时间：2018年11月第1次印刷
特约编辑：于圣军
责任编辑：郭　健
封面设计：智邦传媒/管组北 庞利超
版式设计：智邦传媒/庞利超
责任校对：赵　跃
书　　号：ISBN 978-7-205-09500-0

定　　价：328.00元

张氏帅府博物馆

《百年风华大帅府》编委会

编委会主任　郭春修

编委会委员　齐　旭　于海燕　赵菊梅

主　　　编　郭春修

副　主　编　赵菊梅

撰　　　稿　赵菊梅　郝明大　李　婷　程亚娟

摄　　　影　智邦传媒／管祖北　杨文浩

30th
1988—2018

谨以此书献给张氏帅府博物馆建馆三十周年

东北地区保存最为完好的名人故居

全国重点文物保护单位

全国近现代优秀建筑群

辽宁省、沈阳市两级爱国主义教育示范基地

目录
CONTENTS

概述　风华百年

上篇　相看两不厌——帅府建筑阅读

下篇 旧梦如烟云——帅府往事回味

参考文献

后记

概 述　风华百年 🀄

从1914年开始动议修建到现在，大帅府已走过了百余年的历史。在这百年岁月的历史长河中，大帅府伴随着奔腾的涛声一路走来。它经历了繁华与兴盛，也面对过战火和荒芜；它承载了完美和残缺，也见证过欢乐与哀伤。历史是前进的，它遵循着所有生命亘古不变的规律，延绵不断，辞旧迎新。从辩证的角度来讲，历史上曾经名惊一时的事物，最终都会在寂凉中消失，新的事物要从每一个荒芜的起点重新开始，犹如时光重叠在同一棵树上，新的枝丫长出，老的枝丫死去，生命便拥有了不同的形态。而大帅府，从民国时代位高权重的张氏父子的官邸和私宅转变为现阶段对外开放、游人如织的博物馆，无疑正是这一历史过程的真实体现，它既是历史留给后人的宝贵文化遗产，也提醒我们正经历着世事的沧桑变幻。

大帅府位于沈阳市沈河区朝阳街以西、通天街以东、南顺城路以北、少帅府后巷以南，总占地面积5.3万平方米，建筑面积3.5万平方米，是奉系军阀首领、北洋军阀政府最后一个统治者——中华民国陆海军大元帅张作霖及其长子、千古功臣张学良的官邸和私宅。它俗称"帅府""大帅府"或"张氏帅府"，是张氏父子主政东北时期的政治舞台和中心，也是东北地区保存最为完好的名人故居和全国重点文物保护单位、全国近现代优秀建筑群和辽宁省、沈阳市两级爱国主义教育示范基地。

人奇而名，人名府贵。大帅府建筑群却不是一般意义上的府因人贵，它以其建筑艺术独步当时，为世所重，且留下了宝贵的建筑艺术遗产和历史文化信息。

大帅府建筑群由院内中、东、西三路平行的建筑和院外的三座单体建筑——赵一荻故居、帅府办事处和边业银行组成。大帅府先后经历了张作霖和张学良两个时期的建筑演变，最终形成了一处独具特色的庞大建筑群。这些建筑奇迹般的组合在一起，构成一座民国时期建筑文化的博览园，这在国内是绝无仅有的。帅府内随着时间早晚而先后建成的风格不同的建筑，犹如沈阳建筑近代化的缩影，清晰地体现了民国时期中国东北近代建筑的历史走向与基本特征，对研究沈阳乃至东北近代建筑都具有重要的参考价值。

中路三进四合院，经典别致，造境宏深。它吸收奉天城清朝各王府建筑特点，并遵循张作霖家乡辽南的生活习俗而建成，是中国传统的四合院建筑。其一进院、二进院是办公场所，张作霖曾在这里处理军政大事，逐步实现了控制东北三省、插手中央政权的政治目标。三进院落是张作霖及内眷的居住地，属于内宅。因而"帅府"具备官署和私宅的双重属性。

东院建筑群错落有致，房苑共生，体现了中西文化相互交汇与融合的特色。这里有中国传统园林风格的假山、凉亭、喷水池、荷花池；有中西合璧的小青楼和沿袭民间习俗修建的关帝庙；还有巍峨壮观的大青楼，是典型的以西式为主体、含有大量中国文化意蕴的中式洋楼，亦即中华巴洛克式建筑，是沈阳近代建筑中的精品。

西院红楼群是张学良主政东北时期帅府的重大建设项目。六栋西式洋楼按纵线排列，前三栋是办公楼，后三栋是住宅楼，仍然体现"前政后寝"的建筑功能，是张学良修建的"少帅府"。整个建筑布局规整而活泼，设计手法成熟而高超。红砖清水外墙，局部以混凝土饰面，红白相间，屋面陡峭的坡顶上点缀着凸起的老虎窗，体现着纯正的欧陆风格，体量配合与细部构图都十分精彩。

毗邻帅府的院外建筑，风格各异，座座精彩。帅府办事处是一处坐南朝北的回形建筑群，边业银行则面朝大街，前高后低。两处建筑均为罗马式建筑风格，但造型布局截然相异。赵一荻故居是一处东洋式建筑，具有典型的日式建筑风格。它四周围以赭石红的水泥围墙，形成一个封闭的院落，仿佛是一座独立的城堡，静谧而安详。

帅府建筑虽属分期建造，但建筑群的整体秩序感很强，院内的东、中、西三路建筑皆以南北纵向排列。中路三进四合院，以南北中轴线对称布局，形成院落式结构。东路也是以小青楼居前，假山居中，大青楼居后的顺序一线排列，前低后高，以大青楼统揽包括三进四合院在内整个区域。西路红楼群，则以凸出原帅府的前水平线营造新的府宅前大门，按照"前政后寝"的中国传统建筑的空间布局，将西式洋楼按纵线排列，也通过营造院落的形式与中路和东路协调起来。而帅府办事处、边业银行、赵一荻故居等院外建筑，分布在帅府的周围，与帅府形成一个有机的整体。边业银行位于帅府花园东侧，一直延伸到朝阳街。它在建筑高度的处理上很有特色，整幢建筑自东向西依次为三层和二层，高度依次递减，这样，既不影响大帅府的天际线，避免此处建筑气势压过帅府的现象出现，又在临街处突出该建筑，强化了它作为公共建筑的开放视觉。帅府办事处建在帅府正南偏东的位置，青砖砌筑，与大帅府建筑色彩保持统一。它门面朝北，面向帅府，以帅府附属建筑的形式与帅府主体融为一体，便于张作霖与外界交往。这些院外建筑以"众星捧月"的方式与院内建筑产生共生关系。

帅府建筑的装饰艺术形式多样，丰富多彩。这里的彩绘木雕新颖别致、精彩绝伦；石雕砖雕别出心裁、堪称一绝；绘画书法彰显个性、锦上添花。府内还有人神共处标志的关帝庙、狐仙堂和众多有着文化寓意的吉祥图案，反映了张氏家族的习俗与民国时期的东北民俗文化。

大帅府声名远播，除以其建筑艺术超迈独步，更由于其作为张氏父子主政东北的政治舞台和中心，作为东北第一名人故居，它具有极其重要的历史价值。它不但涵盖张氏家族的历史，更承载民国的政治、经济、军事、文化、习俗等社会诸多方面的内容，堪称一座大帅府，半部民国史。

大帅府见证了张氏父子两代三位名人的传奇人生，也通过他们承载了国家民族的一段历史。其主人张作霖和张学良是家喻户晓的名人。张作霖是一代枭雄，是民国时期最大的军阀之一，也是北洋军阀政权最后一个统治者；张学良是国民政府一级上将，是被中国共产党誉为"千古功臣"的爱国者。而从帅府走出的唯一一名共产党员张学思则是张作霖的四子，是中国人民解放军少将，被周恩来总理赞誉为"人民海军的好参谋长"。一府有父子两代三名人，且其两代相继又横跨清末、中华民国、中华人民共和国三个时代，历经清末以来中国的沧桑变化，这使得帅府在中国乃至世界的名人故居中都可以说是绝无仅有的。父子三人迥然不同的人生道路，在为这座庭院赢得往日的光彩与今日的瞩目之时，也在中国历史上写下了浓墨重彩的一笔。还有张作相、孙烈臣、吴俊升、杨宇霆、郭松龄、于凤至、赵一荻……一大批显赫一时的历史人物，在这高墙壁垒的宅院里，处处留下了他们的足迹，处处深藏了无尽的趣闻、秘事。

作为张氏父子主政东北的政治舞台和中心，大帅府本身承载了许多影响中国历史进程的重大事件，具有很强的历史阶段属性。这里是张作霖统辖东北施政议事之地，也是与南方政府及外国人周旋、谈判等政治活动的场所。这里留下张作霖从奉天督军到北洋军阀政权陆海军大元帅的发展轨迹，他在这里谋划两次直奉战争，筹划应对郭松龄反奉之策，就连"皇姑屯事变"后张作霖被炸身死"秘不发表"麻痹日本人的好戏也是在这里上演的。这里也见证了张学良为避免国家分裂实施的"东北易帜""杨常事件"及"武装调停中原大战"等重大历史事件。与之相伴的，在这里还流传下来众多的历史故事和传说，从一个侧面反映了当时的政治、经济和文化状态，特别是反映了张氏家族及东北的民俗文化，成为研究民国史和东北历史文化的重要资料。

帅府之所以影响大，还由于它与国家民族重要历史节点密切关联，它见证和承载了历史。九一八事变后的第二天日军就占领大帅府，对其进行肆无忌惮的劫掠，并长期占用直至其投降。在东北沦陷十四年人民饱受亡国奴之痛中，被占领的帅府与其主人的耻辱就更具典型性。抗战胜利后这里一度成为共产党在东北的领导中枢。当时中共中央东北局曾设在大青楼内，彭真、陈云在帅府主持召开了第一次东北局扩大会议，决定建立巩固的东北根据地。1946年2月，国民党军进驻帅府，大青楼被国民党沈阳市党部占用。1948年沈阳解放后，已经破败的帅府被人民政府接收管理，作为政府机关单位办公场所，并予以修缮。

一座庭院，要想它风景永驻，需要人们的长久关怀，更需要文化的万千宠爱。一直以来，大帅府建筑群始终受到社会各界人士的广泛关注。周恩来、贺龙等党和国家领导人早在20世纪五六十年代就曾到过帅府。随着社会各界人士对帅府的关注日益增加，帅府的保护与开放被逐步提上日程。1985年3月，沈阳市政府将张氏帅府定为市级文物保护单位。1988年12月，辽宁省政府将其定为省级文物保护单位，正式成立张学良旧居陈列馆并对外开放。2002年6月，张学良旧居陈列馆暨辽宁省近现代史博物馆由辽宁省文化厅划归沈阳市文化局管理，并更名为张氏帅府博物馆暨辽宁近现代史博物馆。经过十几年的维修和复原工作，大帅府建筑得到了很好的保护，文物资源得到了有效的开发利用。

建筑保护，成绩显著。自建馆以后，帅府建筑维修始终坚持"修旧如旧"的原则，遵照传统工艺要求，严把工程质量关，先后对帅府建筑进行了数次科学严谨的维修和保护，使原本满目凋零、破败不堪的帅府焕然一新，恢复了原始风貌。2008年，根据征集到的反映20世纪20年代帅府的珍贵历史资料片，重点恢复了三进四合院"万福流云"仪门和彩绘门神秦琼、尉迟敬德的大门，几处重要的匾额以及帅府花园的假山凉亭，大大提升了帅府的文化品位，使得这座有着百年历史的宅院散发出了独具魅力的文化气息。

陈列展览，引人入胜。以四合院、大青楼、小青楼、赵一荻故居为代表的复原陈列和以"百年张学良""张作霖与张氏家族展"为代表的历史展览，吸引了众多海内外人士前来参观，2017年参观人数达到130余万人次，比1989年增长70多倍。作为国家AAAA级旅游景区，帅府正以其厚重的历史内涵、独特的文化魅力和风格各异的建筑艺术，吸引着越来越多的海内外游人，并逐渐成为沈阳乃至东北地区文化展示的平台和旅游发展的新亮点。

文物管理，与时俱进。自2003年开始，张氏帅府利用国家文物局统一推广使用的藏品数据库管理系统，对馆藏文物实施数字化、信息化的管理模式，逐步建立了馆藏文物数据库，建立了方便快捷的文物数字化管理系统。同时，博物馆的文物征集工作不断得到加强，极大地促进了馆藏文物的丰富。2009—2017年，博物馆累计投入1800多万元用于馆藏文物及陈列品的征集。

学术研究，硕果累累。近年来，博物馆先后出版了《张学良与东北易帜》《中东路与中东路事件》《张学良口述历史研究》《张学良与九一八事变研究》《张学良史事笺证》《民国军阀第一府宅——大帅府》《张氏父子与东北近代化》《张氏父子与东北军事近代化》《张学良与东北义勇军》《张学良与西安事变》《张氏帅府志》《张作霖书信文电集》《天地枭雄——张作霖的谋略与风骨纪事》《大帅府揭秘》《张作霖故事与传说》等多部高质量的学术研究文集和专著，发表研究论文百余篇。每年都投入大量的经费，用于出版学术文集和举办各项学术活动，张氏帅府已成为国内外张氏父子及奉系历史研究的重要学术基地之一。

对外交流，作用独特。张学良将军与两岸三地（辽宁沈阳、陕西西安、台湾新竹）有着特殊的历史关系，西安、新竹两地又均有张学良的纪念馆。从2010年起，张氏帅府博物馆开启两岸三馆（张氏帅府博物馆与台湾新竹张学良纪念馆和西安事变纪念馆）区域间合作新形式。2016年，张氏帅府获批东北首家"海峡两岸交流基地"；2017年，铁岭张学良纪念馆和兴城张作霖温泉别墅两个新的合作伙伴正式加入，从最初的三馆变成了现在的五馆，名称从"两岸三馆年会"变成了"海峡两岸张学良纪念馆联盟年会"。合作力量在不断壮大，发展道路也越走越宽。张氏帅府利用两岸同胞强烈的文化交流愿望及五馆地缘优势共同发起多领域更广泛的两岸及地区间的合作交流，为促进海峡两岸的文化和经贸往来，作出了积极贡献。

文化改变了一座庭院的命运，并使它像一株老树那样发出新的枝叶，以此改变着周围的文化生态环境。今天的大帅府，就像梦幻一样，色彩斑斓，来自四面八方的游人用太平盛世的眼光观赏院内景物。在层层的院落中，视线停留在四合院内生动逼真的砖雕木刻彩绘上；指点着哪一间是一代枭雄张作霖的卧室、办公室，哪一间是伟大的爱国者张学良和于凤至的卧室，哪一个又是张学良红颜知己赵一荻的故居；询问着"杨常事件"发生在哪里，"东北易帜"又在什么地方进行；思考着"武装调停中原大战"和西安事变对张学良以及对中国革命所产生的影响和作用；徘徊在各个展厅之中，用祥和的目光审视着历史，用温馨与宽容拥抱逝去的名人……

绚烂的阳光下，大帅府重新焕发出了新的活力，人们对于这座庭院的过去与未来葆有新的热情。"有朋自远方来，不亦乐乎"！帅府将敞开大门，真诚地迎接八方来客。

谢绝入内

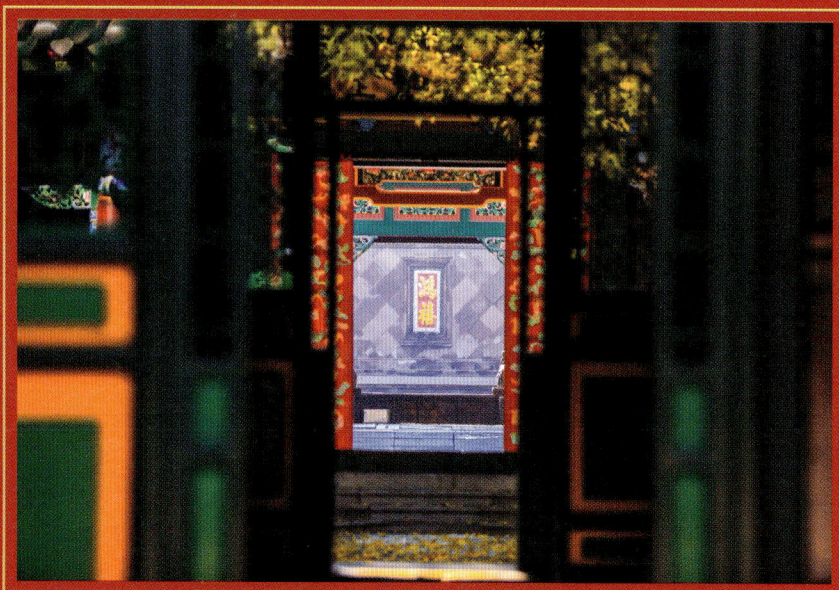

建築

中西合璧 庭院深深

上篇

相看
兩不厌

人与文化的和谐以及人与人之间的和谐

　　作为中华大地上保存完整、规模庞大的一组民国建筑群，大帅府"前政后寝"的建筑功能和"三路建筑平行式"的平面组合方式，集官邸与私宅为一体，真实地反映了民国时期特有的军阀政治形态；作为全国近现代优秀建筑群，大帅府体现和代表了民国时期近代建筑的主要特征，浓缩了沈阳近代建筑发展的全部过程。作为张作霖、张学良父子两代的官邸和私宅，无论从功能还是风格上，都将建筑本身与人居环境有机融合，将办公的庄严、肃穆与居家的幽雅、闲适完美地结合在一起，整体环境和谐统一而富于变化，充分体现了人与自然的和谐、人与文化的和谐以及人与人之间的和谐。

　　大帅府建筑虽属分期建造，历时较长，缺乏长远统一的规划，但整个帅府每一处局部空间都井然有序，部分与部分之间存在着有机的联系，拥有令人称奇的完整性，成为一座近代建筑的博物馆。大帅府内，诸种风格的建筑分布合理，各具特点，奇迹般地形成了一个美妙组合，无意中构成了融多种建筑风格于一体的建筑艺术体系，堪称民国时期建筑文化的博览园。

艺术

砖石砌筑的风景

帅府建筑艺术

在大帅府营建过程中，东西方的建筑技术、建筑风格和建筑材料被广泛采用，交融贯通，形成了独特的建筑风格与建筑特点，使帅府建筑群成为中国近代历史上的优秀建筑范例。

大帅府的建造过程与沈阳建筑近代化的过程同步，几乎覆盖了沈阳近代建筑发展的几个重要阶段。总体来讲，大帅府内随着时间早晚而先后建成的风格不同的建筑，犹如沈阳建筑近代化的缩影，或者说是民国建筑历史的缩影，清晰地体现了民国时期中国近代建筑的历史走向与基本特征。

如果从空中鸟瞰沈阳，你会惊奇地发现在盛京古城的正南方向矗立着一组气势恢宏的建筑，这就是闻名中外的张氏帅府——奉系军阀首领张作霖和"千古功臣"张学良将军主政东北时期的官邸和私宅。放眼望去，它呈纵向三路平行式布局，错落有致、规划有序，烘托出元帅府邸的规模和气势。那美轮美奂的中国传统四合院、中西合璧的小青楼、豪华气派的大青楼、严谨庄重的红楼群，以及欧式风格的帅府办事处和边业银行——一座座建筑既各有千秋又相得益彰，形成一道道独具魅力的风景线，散发着迷人的文化底蕴，给人以美的享受。

大帅府建筑群位于沈阳市沈河区朝阳街以西，通天街以东、南顺城路以北、少帅府后巷以南的地区，总占地面积5.3万平方米，总建筑面积3.5万平方米，俗称"帅府""大帅府""张氏帅府"。大帅府院内共有中、东、西三路建筑，外围由4米高的围墙围成，各路建筑之间又均有围墙相隔，连环往复，既相迎合，又自成体系，故有中院、东院、西院之称。其院外的赵一荻故居、边业银行和帅府办事处均属于单体建筑，分布在帅府大院的周围，与帅府大院形成一个有机的整体。

在大帅府建筑群中，诸种风格的建筑奇迹般地组合在一起，各具特点，构成一座近代建筑的博览园。其中，中院三进四合院是仿王府式的中国传统建筑；东院建筑群中有中国传统园林风格的假山、凉亭、喷水池、荷花池，有中西合璧的园中花厅——小青楼和沿袭民间习俗修建的关帝庙，还有巍峨壮观的中华巴洛克式建筑——大青楼，是一幅中西文化相互交汇与融合的立体图卷；西院红楼群采用都铎式建筑风格，是张学良时代修建的"少帅府"；院外建筑中，赵一荻故居是日式建筑，帅府办事处和边业银行则是典型的罗马式古典风格的建筑。大帅府的这几个主要组成部分，体现了民国时期中国建筑的一种走向，即"中式—中西合璧式—西式"的发展过程，也代表了沈阳传统建筑向近代化建筑发展、演变的过程。

今天，当我们悠闲地徜徉在帅府内外，不禁会由衷地敬佩先人匠心独运的建筑智慧。一位研究帅府多年的建筑大师曾经这样感叹：这是一个"无心插柳柳成荫"的建筑艺术范本。他认为，这些精美的建筑神奇般地形成了一个美妙组合，无意中构成了融多种建筑风格于一体的建筑艺术体系。

翻阅历史文献可以得知，帅府建筑群从1914年开始兴建到1933年止，历经张作霖、张学良父子两代以及日伪三个时期，用了将近二十年才最终建成，形成由中院、东院、西院和院外四个部分组成的风格各异的建筑群。虽然建造历时较长，缺乏长远统一的规划，但整个帅府每一处局部空间却井然有序，部分与部分之间存在着有机的联系，拥有令人称奇的完整性，让你不得不感叹其内在的和谐与壮观。

历史的年轮定格在1914年。这一年，大权在握、春风得意的奉军二十七师师长张作霖开始在奉天城内营建自己的宅第。从这一年开始，在这座大帅府里陆续上演了许多悲欢离合的人生故事，演绎出无数风云际会的历史传奇。一百年后，风云散去，物换星移。在方圆5.3万平方米的区域内，只留下六处风格迥异、造型精美的建筑。

1914年，三进四合院落开始设计施工，并于1918年竣工。四合院在功能设计上遵循着"前政后寝"的皇宫布局原则，即前面是办公的建筑，后面是家眷的住所。其中一进院、二进院是办公场所，具有"官署"的性质和功能，三进院则是张作霖内眷的居住地，属于内宅，这正是"家天下"观念在建筑上的典型表现。因此，这时的"帅府"已经具备官署和私宅的双重属性。

1918年初，位于帅府花园中心的小青楼完工，因其采用青砖青瓦建筑而成，故俗称之为"小青楼"；同年，位于帅府东北角的关帝庙建成；1922年，位于东院北侧的大青楼完工；1925年，在帅府东南边修建的帅府办事处竣工；1926年，在帅府东面修建了边业银行办公大楼；1929年，张学良夫人于凤至购买帅府东面的一座二层小楼供赵一荻居住，即赵一荻故居，它和帅府办事处、边业银行一起构成帅府院外建筑部分。张学良主政东北后，大帅府进入新的建设与使用时期。1929年，张学良决定拆除西院四合院并在原址上建造6幢洋楼。1933年，西院红楼群落成，标志着张氏帅府建筑群最终形成。

建筑与权势同步，历经二十年的积累增建，终于建成这座民国军阀最大的府宅。

画栋

庭院深深　雕梁画栋

【中院建筑】

帅府四合院左右对称，前低后高，尊卑有序。整个家族聚族而居，女眷居内院，内外有别，充分体现了传统礼教精神。一座三进四合院，就是一个与世隔绝、怡然自得的空间。院内四周以围墙围合，不仅加强了私密性和安全性，更重要的是适应了中国传统的生活方式。高墙之内，以院落为中心形成家庭公用的活动空间。

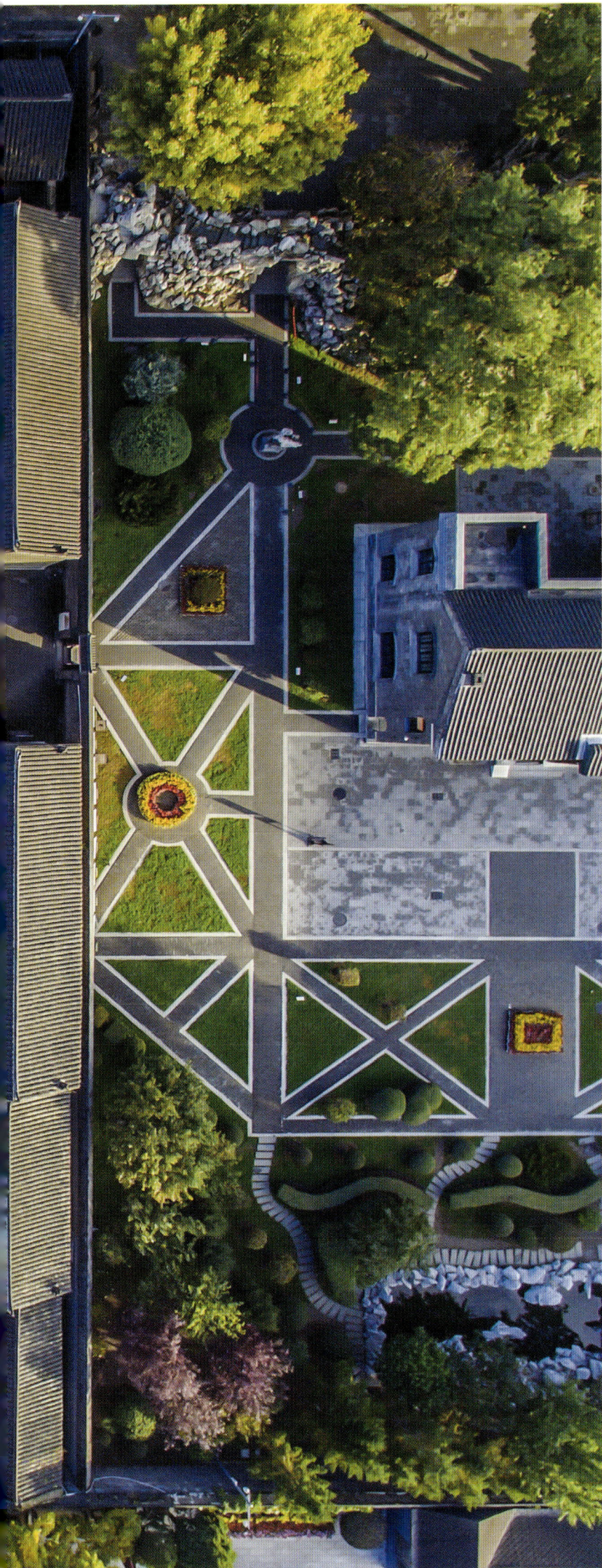

　　帅府的三进四合院是最早建成的建筑，堪称奠基之作。这组建筑是中国传统的全封闭四合院式建筑，占地面积5400平方米，建筑面积1460平方米，有房屋13栋，57间，院落四周以围墙围成。按照中国风水学说布局，帅府四合院位于正南偏东方向，坐北朝南，呈"目"字形，青砖黛瓦，飞檐兽吻

挑脊，雕梁画栋，朱漆廊柱，石鼓柱础，石条台阶，方砖方石铺地。

　　帅府四合院是中国传统的硬山式建筑。两坡五脊是硬山顶的主要特征。放眼望去，它那曲线的屋顶、向上微翘的飞檐挺拔而俏丽，使原本在视觉上异常沉重的屋顶一下子变得轻盈活泼，呈现出飞跃苍穹般的感觉和意象。尤其是中部二

进院正房的屋脊巍然高耸，檐部如翼轻展，使本来无趣的不好表现的部分宛如美丽的冠冕，赋予建筑在稳重中升腾向上的灵性。

　　四合院在中国北方并不罕见。但你可能想不到的是，帅府四合院有如东北人的性格一般不同凡响。二、三进院正房均为七间，厢房均为五间，空间尺度较北京、山西一

般四合院宽大得多，是典型的东北大院。由此而围合起来的空间，宽敞明亮，俊朗壮阔。帅府四合院建筑举架很高，都是七、八、九架梁，使房屋面阔、进深宽。据说这与大帅张作霖豪放的个性有关。其实，这也与这处建筑的衙署功能有关。

帅府四合院的地面大都采用金砖墁地法铺设。这种金砖是一种大块方砖，做工十分讲究，色泽黝黑微泛青光，金砖墁地的灰缝很细，地表经桐油浸泡，经过一定时间踩踏，会形成一层硬硬的膜，既美观又耐用，同时会有沉稳、内敛和防潮、避炎之功效。

有人说，巍巍一座大帅府，就是一道道用砖石砌筑的风景。帅府建筑的独特价值，贵在一砖一瓦的使用都精细、讲究，是那样无可挑剔。青砖砌筑均采用磨砖对缝技术；廊柱均有鼓式础石；砖雕、木雕、石雕工艺精湛。二、三进院廊下台面用金砖和阶条石铺就，台明均为精致陡板石砌成，严丝合缝。

屈指算来，帅府四合院已经历百年。然而令人赞叹的是，岁月的侵蚀并没有让这些老建筑变得陈旧破败。这里的青砖仍是那样的厚重结实，坚硬无比。帅府用的每一块砖都是经过窨水出窑的砖，结实耐碱。这种砖砌筑的墙体，能保持墙的质感、本色，形成富有特色的灰墙面基调。在砖砌工艺方面更是达到极高的水平，每块砖都经过严格打磨，并采用磨砖对缝糯米黏接技术，整个墙面犹如一张图画纸在上面画线一样，给人以精致典雅的艺术享受。部分窗下还选用上等的大方石、大方砖贴面以增加院与院的变化感。可以说，整个四合院在土建方面即地面、墙面部分远远超出一般建房子的标准，加之在传统的建筑装饰基础上的砖雕、木雕、石雕、绘画等艺术创新，堪称中国古典建筑的精品之作。

帅府四合院对墀头的设计和制作也非常讲究。下碱部分有长方形碱石，上雕有花鸟纹饰，堪称石雕艺术精品。在盘头部分，是整个墀头中砖雕装饰最集中、最复杂、最抢眼的地方，题材多为花果、宝瓶、中国结绳纹之类。在墀头与山墙上部博风板交界的博风头上，都阴刻着一组"事事如意"等砖刻图案，迎风飘扬，仿佛点化人心。

⊙四合院墀头

帅府四合院的外门和内门都是六扇。平时只开启中间的两扇，遇有重大节日或宾客满门的特殊时日，可以将六扇门同时打开，使得聚会或某些庆典显得气派、敞亮。六扇门外还制作一副门架，冬季用来挂门帘防寒，夏季挂竹帘防蚊蝇。帘架长年竖立在门外，每副帘架的上部都有彩绘装饰件。

窗户是建筑物的眼睛，它赋予建筑以灵魂。帅府四合院的窗户风格简约，分上下两层，上层可以开启，下部为固定。由于每个房间的进深和开间都超大，为了采光，窗户也设计得很大。帅府的门窗格心，不粗略，不繁杂，雅致大方，恰到好处。细细打量，设计师在木格之间又加上梅、兰、竹、菊或松、竹、兰、梅通透木垫，精致而巧妙。"吹灯窗更明，月照一天雪"。在寒冷的北国，谁又能想到在这深宅大院内，竟有着如此美妙的清雅境界！

总的来看，帅府四合院左右对称，前低后高，尊卑有序。整个家族聚族而居，女眷居内院，内外有别，充分体现了传统礼教精神。一座三进四合院，就是一个与世隔绝、怡然自得的空间。院内四周以围墙围合，不仅加强了私密性和安全性，更重要的是适应了中国传统的生活方式。高墙之内，以院落为中心形成家庭公用的活动空间。

⊙四合院窗户

宏开境深
大帅府前庭院

第一次来到帅府的游客，往往惊叹于帅府门前长长的庭院竟然有着意想不到的气场。前庭院是一个东西长100米、南北宽15米的长方形院落，横跨中院和东院建筑。前庭院由三座辕门和一座大型照壁构成，是进入帅府的导入区。信步走来，一种府邸的庄严感油然而生。

照壁

在前庭院正门对面，有一面大照壁特别吸引游人的眼球。照壁长19.5米，高5.63米，壁座高1米，为华美的须弥座式，采用非常讲究的三层束腰造型并配有砖雕花饰。照壁正中镶嵌着一块雕有"鸿禧"字样的汉白玉，四周镶嵌"万福流云"图案，壁心四角点缀砖雕凤凰、雄狮等，雕刻之精美令人过目不忘。照壁为随墙雁翅式，青砖磨砖对缝挑檐起脊，壁顶则饰有筒瓦，顶部有屋脊。在屋脊的两端饰有"蝎子尾"，漂亮的鸱尾轻盈地上翘，真的是美轮美奂。

前庭院中的辕门是中国传统建筑的一种，设置在建筑的主入口处起引导作用。大帅府设有东辕门、中辕门和西辕门共三座辕门，门柱上悬挂楹联，气势恢弘，可以想见当初这座庄严的府邸等级之高、权势之盛。辕门两侧设砖砌的门柱，中间有左右铁制拉门，两扇拉门可以通过滑道推拉到墙里。

正门房七间，硬山式朝南而建。正中一间为门洞，是四合院的主入口，亦称大门。大门为双扇对

开木实榻门，没有边框，里外均是用同一厚度的木板打眼穿暗销固定拼装组成的实心门。正门房中间除门洞外为回缩门廊，廊柱上部木雕彩绘雀替和镂空雕花。在正门洞中间处，采用大块方石沿着南北方向铺装，南北进口的地方采用锯齿形的礓磋，便于车马之上下。

最为传神的是，在黑漆木大门扇上绘制彩色秦琼、尉迟敬德两个门神。将门神长久画在自家的大门上，这是张作霖的刻意所为，以示门神天天护佑帅府平安。大门上还有用铁钉帽组成的蝙蝠和仙桃装饰图案，这些图案衬托着门神，显得吉祥、肃穆，威风凛凛。铁皮包木门槛高达45厘米，真应了那句古话："高门出贵人。"大门两侧，分别伫立着一只神采奕奕的抱鼓石狮，它们与大门的彩绘门神相互呼应，充分彰显了帅府的门庭之威。在照壁的北侧、四合院正门外，还有两方通体雕刻、制作精美的上马石。

外院 一进院

穿过宽敞的中辕门，跨入垂花门楼，迎面而来的"万福流云"仪门霎时会让人产生宾客盈门的仪式感；满目的砖雕、木雕、石雕、朱漆廊柱以及匾额和楹联则给人一种目不暇接的文化气息，一个经典别致、宏开境深的人居环境——一座深宅大院立刻就呈现在了面前。

一进院正门房东西各有三间，分别是收发室和警卫室、电工室和电话室，东侧厢房为帅府内账房，西侧厢房为承启处，厢房以南各有一处耳房，西耳房为庶务库房，东耳房为厨房。东西两侧耳房都建有八角洞。一、二进院相间隔的是一面7米高的磨砖雕饰的看面高墙。看面墙可以遮挡一进院的视线，显示出内宅庭院的重要性。看面墙中部开有垂花仪门，将一、二进院相连通。

⊙一进院全景

⊙一进院东厢房

⊙一进院西厢房

⊙一进院正门侧面

⊙一进院正门背面

垂花仪门

一进院迎面看面墙中间建有透雕垂花顶饰门楼,称为垂花仪门。其宽约为4.5米,高4米,建在三级如意式台阶之上。两门柱有护柱抱鼓石和石狮伏立的石鼓门枕石,一方面壮大了府宅的门庭之威,另一方面与大门相呼应,形成了上下均衡的和谐感。垂花仪门共有两道门,外侧的"棋盘门"采用的是两扇上下滑道式木门,内侧两柱间的万福流云"屏门",平时关闭,既起到屏障作用,又是装饰的重点。正面四扇鲜红的门上满绘的是金色的蝙蝠和洁白的云朵,喜庆艳丽,寓意"万福流云"。

走近垂花仪门,数不清的蝙蝠飞舞在蓝天白云中,迎面而来,热烈张扬。万福流云仪门的背面是"五福捧寿",又称"五福临门"。五个蝙蝠环绕着一团寿字飞舞的81幅连着的图案,寓意福寿双全。仪门上半部为通透的彩绘木雕。垂花门楼的里面,悬挂着精致考究的楹联,背面则是熠熠生辉的匾额。置身于这种人文环境,内心也不禁生发出一股金戈铁马之气。在这块方寸之地,竟然有石狮、木雕、彩绘、彩画和楹联多种艺术表现形式来装饰垂花仪门,足见垂花仪门是三进四合院的点睛之笔。

垂花仪门是张作霖早期恭迎贵宾或举办重要外事活动的场所。平时,中间对开的彩绘仪门关闭,帅府人员和普通客人都从仪门两侧沿回廊绕行入内,遇到有重要客人到来,开启仪门,张作霖出迎,客人可以从中开的正门石阶进入二进院。不难想象,当年随着张作霖在政坛上扶摇直上,问鼎中原,军政大员们在这座仪门中往来穿梭,皆在此留下了他们的历史足迹。

⊙垂花仪门夜景

⊙万福流云

⊙垂花仪门侧面

大帅办公处 二进院

　　二进院由南正房和东西厢房及门楼组成，正房七间，硬山式建筑，有门楼和前后廊，是张作霖早期的办公和会客用房。正房东屋第一间为休息室，第二、三间是办公室，西屋东侧两间是议事厅，最里一间是书房。东西厢房各五间，均为硬山式建筑。东厢房中间为门厅，南屋为秘书长室，北屋为内收发，即机要秘书室。西厢房是一般秘书室。院正房两侧与厢房相连的地方，各有一座便门。

　　二进院过厅门前的雕花门楼同样精彩。这座门楼宽约4米，高约4.5米，与正房相连，为一殿一卷式结构，内侧接回廊。门楼正上方和过厅门上方均悬挂匾额。从这两块不乏歌功颂德之意的匾额之中可以看出，当年这里的主人是何等的叱咤风云、权倾一时！

⊙二进院全景

【壹　砖石砌筑的风景——帅府建筑艺术】

二、三进院的四面皆有回廊，为四檩卷棚式构造，其基本构造由下而上为：周长80厘米左右的檐柱支在台基上的鼓形石础之上，柱础都做成抱鼓状，四面雕有狮头做装饰，别具格调。遇到雨雪天气，府内人员可以直接在游廊中自由穿行，不用雨具。

有人说，帅府有四绝：石雕、砖雕、木雕、壁画。在帅府四合院，石雕是重要的装饰物。在二、三进院东西厢房北山墙的础石上刻有多幅石雕，精美华贵，令人称奇。将石雕作品以组画的方式装饰在主要建筑物的槛墙上，全国独此一家。

豪门深宅 三进院

　　三进院较二进院宽敞，是帅府的内宅，张作霖的眷属住在此院。三进院由南正房和东西厢房组成，同二进院一样均建在三步台阶之上。

　　三进院的正房为七间，硬山式建筑，有前廊。正房中厅早期是张家祭祀祖先的中堂——"祖先堂"。东西厢房各五间，硬山式建筑。东厢房是四夫人许氏及其子女的居室，曾任中国人民解放军海军参谋长的张学思将军就出生在此屋；西厢房为张学良与于凤至婚后居住的房子。东、西厢房与三进院正房两侧相连的地方，各有一座便门，东侧通往耳房，穿过假山可达东院；西侧通往耳房和西院。东耳房是张家的私塾馆，张学良曾在此读书。

共生

中西合璧 房苑共生

【东院建筑】

穿过美轮美奂的四合院，向东来到帅府的东院，忽有『柳暗花明又一村』之感。这里完美地体现着帅府建筑群的特点：错落有致，房苑共生。既有中国传统园林风格的假山、凉亭、荷花池，也有中西合璧的园中花厅——小青楼、沿袭民间习俗修建的关帝庙及巍峨壮观的帅府标志性建筑——大青楼。

诗情画意 帅府花园

　　从三进院东墙的一个角门出去，眼前顿时豁然开朗，这里绿树成荫、青草依依，更有鸟语花香、流水潺潺，这便是帅府的花园——帅府苑。帅府苑占地面积3640平方米，位于东院的中南部，是帅府的后花园，园内遍植奇花异草，有如一幅精美的中国山水画。帅府苑内有三处用奇石堆成的假山：一处位于东院东南的荷花池边，山上建有木质六角凉亭；花园北部有一处东西向横卧的假山，山上有石洞和石阶，四周长满梧桐、皂角树、迎春花，假山的石洞正对着大青楼正门，营造出帅府别有洞天的奇妙景象，石洞上方南北两边各镶嵌一块张作霖自书石匾；另一处假山在小青楼与二进院东角门相连处，内有一山洞将东角门完全遮蔽起来，有曲径通幽之效。

　　在假山、凉亭的景观之中有一潭池水，鱼游水中，荷花绽放，水、荷、石、亭构成一幅诗情画意的美景。

　　帅府苑的东侧有东大门，拱券结构，两侧为门房与围墙相连。大门外砖柱上有精美的砖雕装饰，实木的东大门上用铁钉帽排列装饰。跨过两扇大门，步入花园，径直可到园中花厅，右拐可到大青楼。东大门是帅府后期进出的主要通路。

⊙大青楼前假山

⊙帅府花园内六角凉亭

⊙帅府花园内荷花池

园中花厅 小青楼

小青楼位于帅府苑的中心，与帅府花园相互依存、互为交融。因其采用青砖青瓦建筑而成，故俗称"小青楼"。

小青楼建筑面积450平方米，建成于1918年。从外观看，楼体呈"凹"字形，共有两层，正南中间为两层高的木质门楼，二楼设有外廊式阳台。这是一座砖木结构的建筑，屋顶、山墙、门楼、两层回廊都是中国传统式建筑。但特殊的是，南立面为坡屋顶木结构，而北面则是露台和女儿墙。门窗、楼的后半部，以及楼内设施，采用了西洋建筑手法，体现了中西合璧的风格。

从外表上看，小青楼造型十分别致。正面红色漆柱、山墙出列磨砖对缝砖柱与绿色楼裙板，营造出前廊典雅别致的氛围，它与二楼的通体阳台构成一个非常实用的外在空间，在白云飘飘、阳光灿烂的季节里或阴雨绵绵、雨打芭蕉的景象中，自是别有风味。

来到楼前仔细欣赏，局部装饰精雕细刻，令人目不暇接。楼的外窗共有砖雕镇石31个，外窗罩头砖花62个，房山墙墀头砖雕2个，门楼雀替28个，正面墙基柱础还有一边两组共4个石雕，纹饰皆以花鸟图案为主，制作精美。楼顶女儿墙则均匀分布着"吊"字图案砖雕。

最让人不可思议的是，小青楼全楼共有30个窗户，2个入户门，使整个楼体显得玲珑剔透、精致通明。置身楼内的任何一个方向，都能看到窗外帅府苑的美丽景色，时人称其为"园中花厅"，是赏花观景的绝佳之处。设想一下，当夜幕降临，小青楼灯火通明，众多窗户透出来的灯光在树丛的掩映下，该是多么梦幻！

小青楼建成后，张作霖让其最宠爱的五夫人寿氏在此居住。小青楼一楼有五间房，西侧是会客厅，是张作霖和寿夫人接待知近客人的地方。1928年"皇姑屯事件"，张作霖被炸成重伤，就是被抬到这个房间后去世的。东侧两间，东屋为五夫人的卧室。中间一间为门，二楼有三间房。中间一间为大厅，是张作霖、五夫人及其子女休闲、观景、聚餐的场所，东西两侧是五夫人子女的居室。

⊙小青楼夜景

帅府地标式建筑 大青楼

　　来帅府不能不看大青楼。近百年来，它一直是古城沈阳的地标式建筑之一。大青楼位于花园北侧，建成于1922年。因该楼用青砖建造，而洋楼用青砖建造并不多见，人称大青楼，与小青楼遥相呼应。大青楼建成后，张作霖将大青楼的一、二层作为办公场所，四合院和大青楼三楼作为居住使用，完成了帅府建筑功能空间上的转变。张作霖搬到大青楼办公时已是东三省巡阅使兼蒙疆经略使，节制热、察、绥三都统，大权在握，割据东北。其间，他发动两次直奉战争，并最终控制北京政府。1928年后，子承父业的张学良也在大青楼办公。在这里，他筹划东北易帜、枪杀杨常、下令东北军入关武装调停中原大战等重大事件。

　　大青楼建在九级台阶之上，坐北朝南，总建筑面积为2460平方米，地下一层，地上三层，楼高22.45米，与沈阳故宫凤凰楼遥遥相望，是当时奉天城的最高点。大青楼上有观光平台，下有地下室。一层前出列柱遮阴廊，前廊下面及东西两侧分别有九级台阶降入庭院。

　　大青楼建成于红砖技术和西洋建筑艺术流行的1922年，但仍采用青砖砌成，以保持大帅府整个院落在格调和色彩上的统一。楼前为帅府花园假山，既是大青楼象征性的屏障，又起到与四合院和帅府苑相隔离的作用。通过门前的假山门洞与四合院和帅府苑相联系，形成一个整体。即以大青楼为龙头，统领整个府邸，彰显帅府的气势。

　　为了凸显大帅府的这处建筑，张作霖刻意增加它的高度和体量，使其成为沈阳当时最高建筑。站在楼顶观光平台上举目远眺，帅府内假山、花园、园中花厅、四合院一览无余。大青楼的出现，使得大帅府高屋建瓴，气势逼人，既体现"大"，又蕴含着"府"，终成大帅府的地标式建筑。

　　大青楼具有办公和居住双重功能，其各个房间的装修标准是不一样的。一楼南侧房间都是落地门，夏天通风极佳。一、二楼主要房间都装饰有壁炉、壁龛壁画、井口天井、实木护墙、实木吊顶等。

　　一楼共有8个房间，入楼正门位于南侧中间。楼梯位于进门左侧。一楼正门左侧为张作霖办公室。办公室西侧为盥洗室，盥洗室北面为张作霖卧室，北侧中部为宴会厅。在北侧设一烟榻，用于宴请宾客吸食鸦片。东北角为第三会客厅即老虎厅，是大青楼最为有名的房间，因屋内摆放两只老虎标本而得名，该厅也是"杨常事件"的发生地。东南角为第二会客厅。正门右侧为第一会客厅，即东北政务委员会办公室。二楼西侧为张学良与于凤至居住的卧室，南侧为张学良与于凤至居室的客厅。北侧中部有一房间，现为"名人访帅府"展厅。东北角房间现为"张学良将军遗物展"展厅。南侧中间位置为张学良办公室。三楼共9间房屋，其形制与二楼相同。

宅内庙宇 侠义象征
关帝庙

在帅府院内东北角的僻静处，有一座精致小巧的建筑很少引起游人的注意。掩映在树木枝叶之下的，是一座建立在帅府院墙之内的庙宇——关帝庙。

关帝庙建成于1918年，建筑面积约350平方米，与四合院和小青楼是同期建筑。关帝庙正殿为单间青砖瓦房，两侧为单间耳房，正殿略高，进深也较两侧略大。正殿和耳房均为硬山式建筑。

关帝庙正殿塑有关羽塑像，昔时四季供奉香火。出身草莽的大帅张作霖极为崇拜关羽，为了更好地祭拜关公，他在自己的府宅里建了这处关帝庙。在府邸内建造关帝庙，这在全国众多的宅院中是不多见的，就目前来说还未发现有一处民居或府邸建造关帝庙。张作霖去世后，张学良做了一尊张作霖泥塑像，供奉在关帝庙东殿里。

风情 [印：百年风华]

欧陆风情 少帅府邸

【西院建筑】

帅府西院红楼群是帅府最晚建成的一组建筑，它是大帅府重要组成部分和收官之作，为帅府增加了一道不可或缺的红色风景线，平添了一抹斑斓的色彩。

　　红楼群总占地面积11017平方米，建筑面积13250平方米，是帅府中规模最大、房屋最多的建筑群。红楼群共有6栋楼，其中有2栋厢楼，4栋正楼。每一栋楼的平面、立面造型各具特色，但风格大致相同，均采用三角形的山花、红砖墙体、竖向比例的矩形方窗，壁柱、线脚、门窗框、檐部系采用白色石头，色彩明快。4幢建筑沿南北向的中轴线由前向后排为一列，另2幢楼呈东西向分列第一幢楼的两厢，形成一个U字形的前院，院中央设一座喷泉水池。

　　红楼群是张学良主政东北时期大帅府的重大建设项目，也是帅府建筑群中唯一一处由张学良主持动工兴建的。红楼群由中国近代的建筑大师杨廷宝主持设计。从建筑空间布局和室内空间组合上看，这6栋建筑前4栋应作为公署使用，后2栋应作为住宅使用，仍然呈现出"前政后宅"的空间格局。

　　红楼群可谓生不逢时。1931年九一八事变发生后，帅府于次日清晨被日军占领，帅府被洗劫一空，正在建设中的红楼群也落入日本关东军的手里。由于6幢小楼系由美国马立思建筑公司承建，经马立思出面交涉，日军允许美方继续施工，并于1933年完工。

一号楼坐北朝南，建筑面积2053.8平方米。向南依次为院中花坛、大门和照壁，两侧为对称的东西朝向的东厢楼和西厢楼。这三座楼均为三层，与大门共同围合成一个封闭空间，是当时典型的公建类建筑空间布局。一号楼一层中央有开放式的共享空间，两侧及二、三层皆为南北对称开间，中间为走廊。东厢楼和西厢楼的室内空间组合方式与一号楼相似。

⊙一号楼正面

⊙一号楼背面

⊙西厢楼

⊙东厢楼

二号楼

二号楼位于一号楼的北侧，坐北朝南，三层。其室内空间与一号楼、东厢楼和西厢楼相似，也是一层中央设开放式的共享空间，两侧及二、三层皆为南北对称开间，中间为走廊。不同的是，二号楼的西侧有裙楼与北部的三号楼、四号楼相接。

⊙二号楼局部

三号楼位于二号楼的北侧，坐北朝南，三层楼建筑。其室内空间格局与上述建筑有明显差异，呈现出典型的住宅特点。一层没有大面积的公共空间，通过楼梯直接进入二、三层；每层都没有大面积的房间，也没有居中的长长的走廊，开间方式也是适合人居的。在三号楼的西侧，还有裙楼与南侧的二号楼和北侧的四号楼相接。

⊙三号楼

⊙二号楼、三号楼、四号楼东面全景

四号楼

四号楼位于三号楼的北侧，坐北朝南，三层楼建筑。其室内格局与三号楼相似，呈现出明显的住宅特点。西侧也有裙楼与南侧的三号楼相接。不同的是，四号楼横向较长，南北各有对称的3个出入口。

⊙四号楼

精彩

各具特色 座座精彩

【院外建筑】

随着奉系军阀势力的不断增强，帅府对外交往日益扩大，张氏父子以帅府为中心相继扩大占地，修建、购买了帅府办事处、边业银行和赵一获故居等风格各异的建筑。

帅府办事处（帅府舞厅）

帅府办事处位于帅府的东南侧，建成于1925年，是张作霖接待客人和开展外交的场所。该建筑占地面积3291.2平方米，建筑面积2411平方米。曾几何时，帅府办事处门前经常车水马龙、冠盖云集，有不少民国风云人物到这里做客。其中，曾任"五省联军"总司令的孙传芳还在办事处内设有办公室。张学良主政东北期间，因经常在周末举办家庭舞会，时人也将此楼称为"帅府舞厅"。

从高处俯瞰，帅府办事处呈"回"字形。中间主楼是一座罗马式砖混结构带地下室的二层青砖楼房，局部三层，楼向坐南朝北，三楼正中立面为一秀美的西式钟楼，二层檐顶之上建筑四角为造型简洁的小塔楼。楼内为两层中空、四周回廊式建筑。一楼是装饰豪华的跳舞大厅，二楼的回廊较为宽敞，回廊后面均是客房。中间楼顶平台铺设透明玻璃砖，阳光可直接照射到一楼大厅。帅府办事处主楼两侧还建有拐角式瓦房，每侧13间。北侧以铁栅栏接拐角房，正北开院门，对着大帅府。

◎帅府办事处

张家的私家金融机构
边业银行

在帅府大院的正东，赵一荻故居的南面，帅府办事处的北面，面向沈阳朝阳街，矗立着一座宏伟的欧式建筑，这就是张氏父子的私家银行——边业银行。这座呈四方环形的建筑，为长方形圈楼。该建筑建于1925年，占地4967平方米，建筑面积8955平方米，共有房间88间，四周有道路环绕。主楼（前楼）在东部，主体建筑地上二层，局部三层，地下一层。两层楼部分是四方环形，使院中形成天井，自然采光极好。在楼体内，有前院和后院两个露天空间。

来到朝阳街上的边业银行的正门，首先映入眼帘的是高高的10级台基上6根傲然挺立的巨柱。巨柱直径足有1米，呈古典爱奥尼克柱式。柱子贯通两层，支撑着三层的阳台。三层挑台上有6根短小的石柱承托屋檐，柱顶饰花垂穗。门廊两侧也有平面化壁柱。在檐口、柱头以及上下两层窗间，点缀着精美的浮雕花饰。边业银行是当时与东三省官银号齐名的东北最大银行之一，也是奉系军阀财界要人的主要活动场所。在20世纪二三十年代的奉天，这座雄伟的金融殿堂象征着东北银行业的崛起，也宣示着张家的财富和权势。从正东的3扇大门进入室内，首先看到的是恢宏的交易大厅。这座437平方米的大厅占据两层空间，二层上空装置彩色玻璃顶棚，既显华贵又可采光。大厅的南、北、西三面是银行的营业室，南侧有门洞与外面相通。楼内有异常坚固的地下室作为银行库房。如今，这里已经被改建为沈阳金融博物馆的展览序厅。

边业银行的内部空间变化丰富，楼层之间的走廊空间虽然不宽，但地面都铺装彩色地砖，走廊两侧有几近两米的实木墙裙，装修精致华贵。

一世情缘 爱情见证
赵一荻故居

　　在帅府大院的东墙外、边业银行北面，矗立着一座赭红色的日式二层小楼。它檐脊错落，望板彩绘，宛若一位超凡脱俗的少女亭亭玉立于此，是那么的清新淡雅。每天，都会有许多游客慕名而来，拜访这座以它的女主人命名的小楼——赵一荻故居。

　　赵一荻故居是张学良夫人于凤至为赵一荻小姐购买并供其居住和使用。这座小楼建成于1927年，占地面积547平方米，建筑面积428平方米。小楼屋顶呈半圆形，从远处望去似座蒙古包，外墙采用赭红色水泥罩面，秀丽整洁。小楼四周由红墙围成一个独立的小院落，自成一统。小楼共分上下两层，有十余个房间。一层是楼厅、舞厅、琴房、餐厅等，二楼为赵一荻小姐的卧室、会客厅、办公室、书房。

　　步入楼内，温馨浪漫的氛围扑面而来。楼厅的廊柱上装饰着花状浮雕，舞厅顶棚是井口天花，井口天花的圆光部位绘以"延年益寿"四个贴金字，四个岔角绘制如意图案。

　　从外观上看，赵一荻故居十分低调素雅，宛若一位卓尔不群的少女，默默矗立在帅府灰色的东墙外，没有忧怨，没有哀伤，只是无声地守望着自己的爱情。

　　一座小楼，一世情缘，一生相守。荡气回肠的爱情为这座小楼增添了许多浪漫的色彩，也赋予了这座建筑更多人性的光芒。

[贰]

妙手制就的画卷

帅府装饰艺术

　　如果远看帅府，是恢宏壮观、美轮美奂的，那么，驻足细细欣赏，这些由木雕、石雕、砖雕、彩绘、壁画、楹联与匾额组成的装饰艺术，就如同绸缎中的锦绣、珠串中的宝石，光彩夺目、熠熠生辉，极具细节之美。这一刀一笔的精雕细琢，不仅为建筑锦上添花，使得建筑呈现出千姿百态的个性，更蕴含了丰富的文化内涵、时代特色和人物性格。

溢彩

流光溢彩 熠熠生辉

【木雕彩绘】

素有「民间艺术百科」的木雕，是帅府建筑装饰的重要组成部分。帅府的木雕与彩绘、石雕、砖雕等一起，构成了一个「片瓦有致，寸石生情，外立于象，内凝于神」的艺术世界。

帅府木雕多集中表现在大门与四合院额枋及垂花仪门上，这些木雕并非简单地装饰建筑，而是有其独特的灵魂：突出地反映了建筑主人张作霖的喜好。彩绘与木雕结合在一起，为帅府建筑增添了富有古典色彩的丰富表现内容和张力。

帅府木雕彩绘数量较多，形式多样，独特新颖，共有四百七十二件（幅）。

木雕彩绘的数量、雕刻工艺

　　帅府的木雕彩绘不仅题材繁多且种类齐全，综合运用了双面镂空木雕、双面深浅浮雕以及圆雕等表现手法，秉承了北方木雕古朴大方的风格，又带有清新雅致的特色，令人耳目一新。

　　双面镂空木雕是帅府木雕的主要特色。镂空是一种较为复杂的雕刻技术，在木材上雕刻出穿透物体的花纹

或文字，外面看起来是完整的图案，但里面是空的或者里面又镶嵌小的镂空物件。双面镂空雕刻则使得木雕的两面均可见图案，具有较高的欣赏价值。帅府共有独立的镂空木雕99件，主要是雀替和部分装饰木雕。

　　帅府另一种木雕是非镂空的两面深浮雕，也有少量单面的浅浮雕，浅浮雕主要集中在匾额托和四

合院房间外罩门的顶托，共计有15种之多。

　　圆雕，是指可以多方位、多角度欣赏的三维立体雕塑，观赏者可以从不同角度看到物体的各个侧面，因而圆雕要求雕刻者从前、后、左、右、上、中、下全方位进行雕刻，极具表现力。帅府木雕中圆雕数量不多，但雕刻得较为精致。

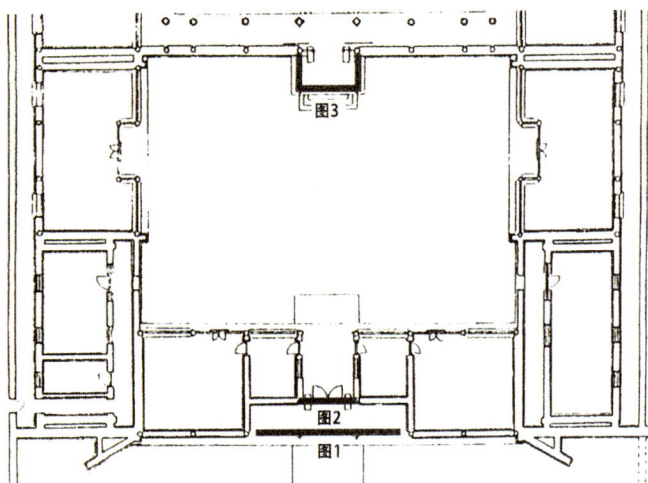

⊙彩绘分布图

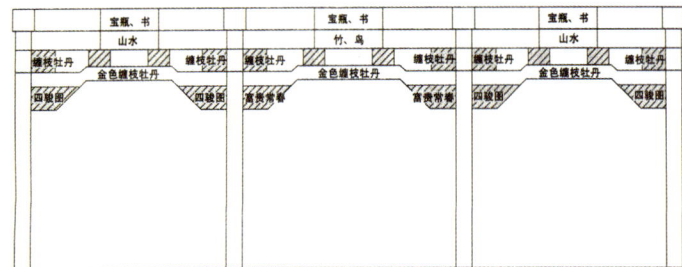

图1　四合院外廊木雕分布图

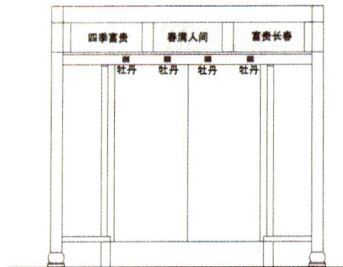

图2　四合院大门木雕

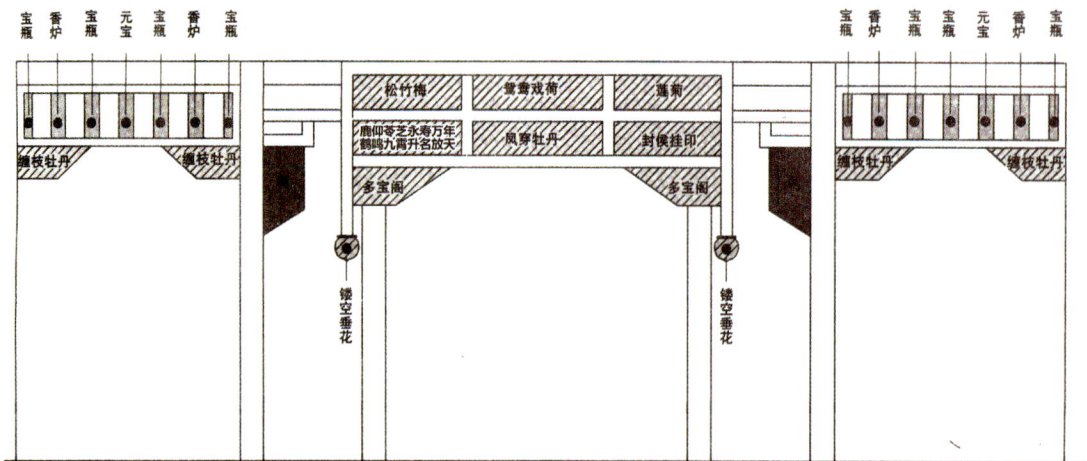

图3　垂花仪门木雕示意展开图

彩面
圆雕
双面镂空木雕
双面高浮雕

⊙四合院大门

⊙四合院大门彩绘

四合院大门木雕彩绘

　　四合院大门外廊上方，就是一个由三组形状相同、内容不同的木雕彩绘构成的艺术画卷。柱头画是以"缠枝牡丹"为主题的6幅；梁头画是以宝瓶、书和山水构成的8幅图案；梁柱之间透雕画12幅；云头木雕4块、彩画6幅；廊内有12幅相同的漆绿、红木雕件；内两侧各有4幅水墨画，分别是梅兰竹菊和松竹兰梅。向外的牡丹表现出门第的豪华大气，宝瓶和书又增添了文雅气质，而山水不仅装饰了大门还增加了视域的广度，内侧则以高洁的植物来自省，一个大门的木雕彩绘表现了丰富而有层次的文化内涵。

⊙正门上方的雀替富贵常春木雕、荷花荷叶木雕及三组彩绘

⊙四合院外廊木雕细部
芦苇、河蟹、萝卜、白菜木雕（上），金色缠枝牡丹（中），四骏图雀替（下）

正门四根廊柱共有6个镂空雀替，雕刻精美而富有特色。帅府正门中间2个雀替是缠枝牡丹为主的"富贵常春"。两侧4幅"四骏图"镂空木雕雀替，描绘的是4匹形态各异的骏马在松树下栖息，拴马的立柱上攀着一只伶俐的猴子，与大帅府的经典石雕"马上封侯"以及木雕"封侯挂印"相映衬。从一入大门开始，就能够感受到建筑主人张大帅对骏马的喜爱。正门里边的两幅雀替，则以荷花荷叶为图案，较为清新典雅。

正门门楣上方东西两侧4幅镂空木雕，内容非常有特色，集中反映了东北地方风情。西侧一幅，芦苇上爬着一只大河蟹，旁边一幅是萝卜、白菜等东北特产。这很容易使人联想到建筑主人张作霖的辽南家乡风物，这位传奇大帅对乡土的眷恋，就体现在了这小小的木雕之中。

⊙垂花仪门

垂花仪门木雕彩绘

　　作为仪门的垂花门较之其他的大门更具有装饰意味，因而也是木雕彩绘的"重头戏"。

　　垂花仪门上有72幅彩画和镂空双面彩色木雕。正面镂空透雕彩画6幅；镂空透雕雀替2个；镂空垂花2个；檩、板彩画2幅；檩、板两端兰、竹彩画2幅；垂花门楼两角彩画及纹饰各3块；高浮雕柱托2个。门楼两侧圆雕花瓶、古鼎、元宝组成图案共14个；镂空雀替两侧各2个；云头浮雕两边各4个；垂花门楼顶部内两侧有11幅彩色浮雕。门楼两角檐部各有1幅。垂花仪门上方有3幅双面菊花彩绘，仪门南面有立粉彩绘《万福流云图》，北面有立粉彩绘《五福捧寿图》，四个荷花门楣上绘有"福""禄""祯""祥"四个字，内容丰富，令人目不暇接。

　　垂花门楼的木雕彩绘构图复杂，雕刻精美，寓意吉祥，堪称精品。上方正中的两幅镂空木雕彩绘，上幅是"鸳鸯戏荷"，寓意夫妻和美，互敬互爱；下幅是"凤穿牡丹"，昭示天下太平，繁荣昌盛。垂花门楼上还有题字的两幅镂空木雕画。东侧是"封侯挂印"，一只猴子骑在马背上，往树上的蜂窝旁挂印信，隐喻高升。西侧则是一对白鹤栖于松柏之下，当为"松鹤延年"的经典构图；另一边是两只梅花鹿正嗅着灵芝仙草。题款是一副对联："鹿仰苓芝永寿万年，鹤鸣九霄升名放天"。寓意国泰民安。

　　转身入门里，垂花门楼上的镂空木雕则另有一番天地。乍看画面似乎并无太大变化，但细细看来雕刻的刀法却完全不同，题款也变为了"松鹤延年"和"禄位高升一品"，东侧依然是"封侯挂印"。同样雕刻的凤凰，里面的凤凰羽翼更加张扬外显，仿佛振翼欲飞，外敛而内张扬，似乎也正是张作霖韬光养晦的内心写照。

　　垂花仪门两侧是元宝、瓷瓶、古鼎等博古纹类主题的圆雕，取材文雅，雕工饱满圆润，衬托出古朴典雅的氛围，它们组合在门楼的两侧，既凸显了门楼侧面灵透之美、寓意之深，又照应了门楼内匾额等装饰内容的外化。

　　此外，垂花仪门的装饰构件也特别值得一提，如柱托、雀替等。垂花门的两个柱托采用的是深浮雕，木雕外侧都是深浮雕凤凰和其他祥瑞鸟，但图案不尽相同，内侧则是深浮雕鸳鸯和祥瑞鸟。这些深浅浮雕独立成画，寓意吉祥。仪门的镂空雀替别出心裁，正面雀替呈现的是一个错落有致的镂空多宝架，架上雕有各种古鼎、香炉、玉器等古玩，文雅、气派，两侧则是盛开的荷花图案。虽是一小构件，也不放松丝毫的装饰加工，足见垂花仪门之制作精良。

⊙垂花仪门侧面的圆雕

⊙垂花仪门雀替、镂空垂花

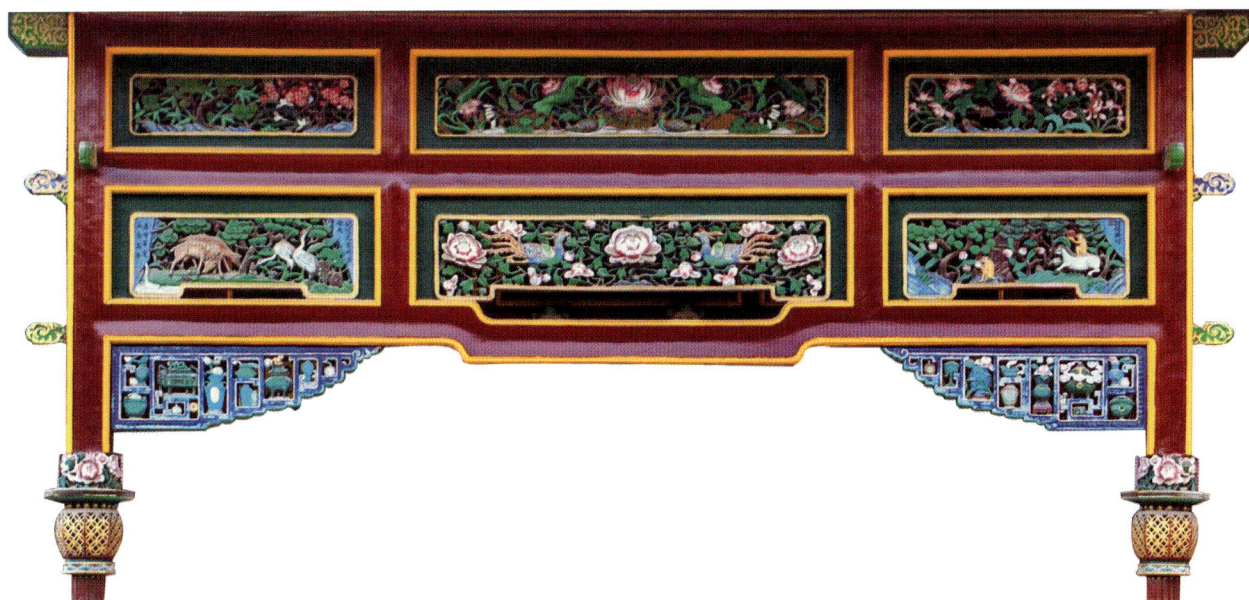

⊙垂花仪门正上方木雕

三进四合院其他及小青楼木雕彩绘

一进院有柱头彩画16幅、梁头彩画16幅、彩色雀替4块、门轴上部顶垫4对；二进院门楼上有透雕檩垫10个、雀替6个；门楼及二进院正房过道上方有彩画透雕狮子等3对。二进院门楼上两只横向的木雕狮子，远看是一个精美的装饰品，近看则是"望重长城"匾额托，兼具实用和装饰效果，构思精巧。二进院门楼正面雀替采用的是抽象的手法，以祥云为图，由香烟作连续，营造出古朴、缥缈带有些仙气的氛围。

小青楼建筑风格中西结合，亦有木雕装饰其中。小青楼门楼的28幅雀替木雕，每幅木雕都是由一种树、草或花为主题构成，由梅花树、柳树枝等营造出文雅清新的氛围，突出了建筑居住者为女性的特质。

⊙描金狮子木雕（二进院"望重长城"匾额托）

⊙小青楼的木雕彩绘

⊙四合院的木雕彩绘

新颖

匠心独运　意境深远

【石雕艺术】

在大帅府的装饰艺术中，石雕是装饰艺术的主角。帅府建筑使用石雕的数量之繁多、选择题材之广泛、表现形式之新颖，在近代名人建筑中十分罕见。整个帅府建筑中共有石雕作品一百八十四幅（块），三进四合院石雕较多，有一百二十四幅（块）。这些石雕又可分为主题画石雕、独立性石雕和装饰性石雕。

石畔冰心在玉壶　一片墨蕙　飞鸣宿食　国鼎益寿延年　一株古鼎　菽灯笼花　堂争益果图　群下易牛笑齐宣　一盆玉簪花　宝鼎生封侯　马上封侯　炉烟韵书声　细枝寒蕊　晚香朝寒翠　古铜玉式　海香　多宝阁　林香榴暖当春　多宝阁四书备旨　海上牧瓶夸苏武　多喜……仕女图　盆栽鲜花　桃名鲜花　康熙字典　功名富贵图　福寿富贵鼎、水壶　竹报平安

枫树下两匹骏马　　　　　　芭蕉树下两匹骏马

桑树下两匹骏马　　　　　　竹林下两匹骏马

缠枝牡丹一树香　平生富贵骈骊墓　驷骊骊晚香八骏图　东篱晚香　花香不在多　瓜瓞绵长　五世同堂　花葵有寿绵绵　秋葵花上一品香　富贵荣华图　骊骊星驰五足骊腾　夹竹桃花　勤书翰墨　萱花清香亦齐僧　博古通今　黄骊少年当先纵横　盛开的芳花　梅花　四时吉庆福稔春　古果盘柿子　百子竞春华丽　花有清香　春风榴开百子　金钱草

雄狮举掌握寶球　　　　　　太少英狮噬各果

棣棠花式　金凤花香　万苑花开　花鸟　金灯笼花　金凤花香

牡丹 鸟（抬头见喜）　　　花鸟（二甲传胪）
农家三宝　莲花　抱鼓石狮子　抱鼓石狮子　花　仙鹤

松鼠戏葡萄　　　　　　　　梧桐鸳鸟
莲花　喜鹊（喜报三元）　　喜鹊花（位列三台）
喜鹊登梅　　　　　　　　　松树鸟

春晓花开鸳鸟啼　辛夷花放时

莲升及第　怪石菊花图　　　富贵常春　怪石菊花图

抱鼓石狮　抱鼓石狮
喜鹊　　　　　　　　喜鹊

双喜喜临门　祥云延年　百鸟图　猛虎下山图　双喜临麟门　双骆驼图　百鸟图　祥云麒麟　双喜禄临门

⊙三进四合院石雕分布图

帅府石雕的布局

帅府中院三进四合院，是传统的王府式建筑，蕴含对称的传统建筑美学。三个院落，每一个院落有一个鲜明的主题，因此，石雕分布也很规整：上马石—抱鼓石狮子—抱鼓石狮子—门当石形成一线。既配合装饰建筑，也凸显出院落的作用。

前庭院和一进院的础石上雕的图案以花鸟等吉祥题材为主，二进院的础石雕更多地反映了建筑主人张作霖的喜好及作为"一代枭雄"的雄心，三进院的础石则完全是骏马图。马是张作霖的最爱，据说张作霖未发迹之前曾经学习过医马之术，且颇为精通，后来的军旅生涯又多与马打交道，因而对马有着特殊的感情。在二进院张作霖办公用

房的槛墙上，6幅主题画的图案，骏马图占了4幅。而三进院正房槛墙上的主题画为两个重要的历史典故和儒家的功名富贵题材，体现出三进院为家庭居住，希望家族后辈儿孙能够得到功名富贵的愿望。这些构成了帅府石雕的主要部分。

上马石、大门狮子石雕

帅府四合院正门外，伫立着两方通体雕刻、制作极为精美的三层上马石。上马石东、西摆放各一块。东侧上马石正面以圆形、牌形开窗，雕有富贵的牡丹和吉庆的喜鹊，两侧上、下部分别以方形开窗，雕有"喜鹊登梅""麒麟祥云"，中间则是"松鹤延年"。西

侧的上马石主图案则为鹿。整个上马石雕工精细、寓意吉祥，是一组不可多得的石雕精品。

帅府大门两侧，分别伫立着一只神采奕奕的抱鼓石狮，它们与大门的彩绘门神相互呼应，彰显了帅府的门庭之威。抱鼓石狮由鼓座、石鼓和鼓上石狮子组成。鼓座为浅浮雕须弥

座，雕有卷草纹。石鼓两侧圆内以高浮雕手法雕刻有狮子纹、如意纹、麒麟纹的组合图案。鼓上分别为一个公狮和两个幼狮，一个母狮和三个幼狮嬉戏的景象。造型生动、形象，刀法细腻、传神。

⊙上马石

⊙东侧抱鼓石狮

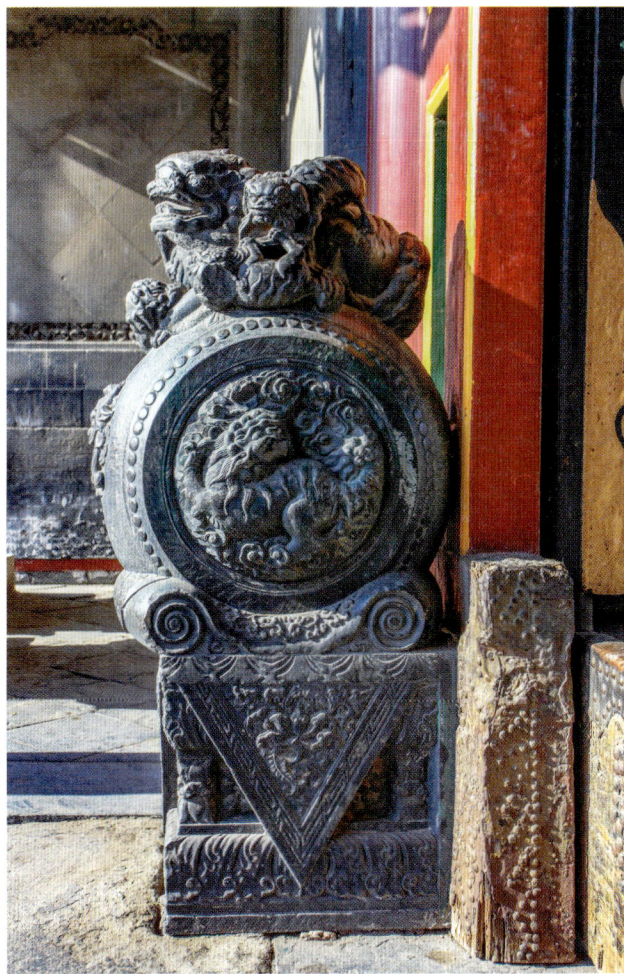

⊙西侧抱鼓石狮

大幅石雕装饰组图

　　二进院是张作霖办公地点，石雕的内容与主人的爱好、性格、抱负紧密相关，集中反映了帅府石雕的风格特点。在正房的南面，过厅两侧的窗下槛墙上，各有3组共13幅石雕组成的全景式画面。从东至西，细细品味，这26幅大小石浮雕，似乎能够品读出建筑主人张作霖的温情与霸气、野心与无奈……

　　在二进院正房南面、过厅两侧以及三进院正房南面、中厅两侧的窗下槛墙上，分别都各有2组13幅石雕，这些内容丰富、雕工细腻的石雕分别组成了全景式画面。

⊙骡骓骅骝八骏图

⊙五世同堂寿绵绵

⊙骕骦星驰五足骢腾

⊙飞鸣宿食

⊙堂下易牛笑齐宣

⊙马上封侯

◎海马朝云式

◎海上牧羝夸苏武

◎功名富贵图

"花有清香"方幅装饰画石雕

　　装饰有八卦图案的双耳方瓶中，插有几枝菊花，其中一枝怒放盛开，花朵硕大饱满，花瓣层层绽放。以梅花为装饰图案的果盘内，盛有六个圆润的仙桃，右下角还掉落一颗，显得俏皮而灵动。

明柱下的竖幅"丽春花"石雕

　　此石雕取材于唐朝诗人杜甫《丽春》中的诗句："百草竞春华，丽春应最胜。"丽春花即虞美人，花篮里一束枝叶茂盛、摇曳多姿的丽春花，展现了鲜花盛开的春日胜景。题款为"百草竞春华·丽春"，落款为"小芳作"。

"君子之风"方幅装饰画石雕

　　画面右侧纹饰复杂的长颈古瓶里插着两株有莲叶衬托的大朵莲花，下方有莲蓬头掉落，左侧果盘里盛着几枚佛手果和一颗仙桃，平几上则放着香瓜和莲蓬头。莲出淤泥而不染，象征君子，因此题款为"君子之风"。

梅花石雕

　　此幅石雕没有题款和文字，左侧带花纹的古瓶上插着几束梅花，果盘中盛着许多柿子，柿子雕刻饱满圆润，十分诱人。梅花在寒冬盛开，柿子成熟在晚秋，都是秋冬季节之物，且象征高洁和事事如意，与旁边夏日盛开的莲花代表的"君子之风"相呼应。

大幅主题石雕"四时吉庆福稔稔"

此件石雕作品是整个东侧石雕群的中心主题画。两只大狮子与两只小狮子一同玩耍，画面动感较强。四只狮子象征"四时"，稔（rěn）有丰收、年之意，象征着福寿延年。落款为"辽阳·另丛作"。

"黄骠少年当先纵横"大幅主题石雕

虬枝盘曲的两棵松树下有4匹骏马：最左侧的骏马正欲奔腾，马头的鬃毛随风飘扬；一马头伏地，两匹马正回头张望，形态各异的骏马在细致的雕刻下活灵活现，意气风发。题款为"黄骠少年当先纵横"，落款为"岁次乙卯年"。南北朝时西魏和北周将领裴果，年少英武，每战必奋勇争先，爱骑黄马，号为"黄骠少年"。因而，此石雕寄予了对儿孙成才的希望。

"萱花亦齐僧"小条幅石雕

画面雕刻的是怪石与萱草，萱草在石上开出了一枝萱花，十分文雅。萱草亦名金针菜、黄花菜、忘忧草，古时候游子要远行时，就会在北堂种萱草，希望减轻母亲对孩子的思念。

"骕骦星驰，五足骢腾"大幅主题石雕

柿子树下的四匹骏马神态各异，一匹在奔驰，一匹悠闲地站立着，一匹安详地低头吃草，另一匹则在树干上蹭痒痒。题款为"骕骦（sùshuāng）星驰，五足骢（cōng）腾"。落款为"时在小阳月上浣题袁云漳作"。小阳月当属农历十月，上浣乃上旬，即此画是由袁云漳于1915年农历十月上旬制作的。

"富贵荣花图"方幅装饰石雕

画面下方横放一造型古朴的多宝阁，阁内盛有棋盘、书籍等文房用品，多宝阁右侧果盘里则盛放着几颗圆润的带枝叶的桂圆，六棱细口花瓶上插有几株盛开的牡丹花，牡丹花瓣层层雕刻，饱满而富有生机。

明柱下的竖幅"秋葵枝上一品香"石雕

瓜形荷叶口花盆内栽种一株葵花，有的枝叶已有葵花绽放，最上端则含苞待放，生机盎然。最上端横雕有行书"秋葵枝上一品香"题名。

"花果有奇香"装饰性方幅石雕

双耳回纹方瓶上插着三枝娇艳欲滴的月季花，三朵花昂然向上怒放，花瓣呈弧形层层雕刻。左侧果盘内盛满了六颗颗粒饱满带叶的鲜柿子，地下还俏皮地散落一颗，中间小盘则盛放着名贵的灵芝。

竖幅"花香不在多"石雕

此幅石雕雕刻了一盆灯笼花：扁圆古朴的花盆内栽有两株盛开的灯笼花，花叶茂盛，花枝蜿蜒向上，两枝盛开的花下仍有几株大小不一的花蕾，花叶纹理雕刻清晰可见，整个画面虽简洁但充满勃勃生机。

"东篱晚香" 方幅石雕

石雕右侧八卦纹双耳花瓶插着两束盛开的大朵菊花，左侧香炉盖上的狻猊口中正喷出烟气。

"骡骊骅骝八骏图" 大幅主题石雕

此幅石雕主要表现的是张作霖最喜爱的骏马：松树下四匹骏马，其中两匹骏马做奔跑状，一匹骏马回头望树，另一匹骏马在咬后腿、擦痒痒，四匹马形态各异均动感十足，活灵活现。 骡骊 (lùěr)和骅骝（huáliú）都是古代骏马名，泛指骏马。

"平生富贵" 方幅石雕

画面左侧六棱形花瓤内插有两枝盛开的绣球花，绣球花雕刻得硕大饱满，右侧香炉烟雾缭绕、烟气袅袅，似要飘出画面，地上还横卧一枚香瓜和一束麦穗，整体画面简洁而富有古典气息。

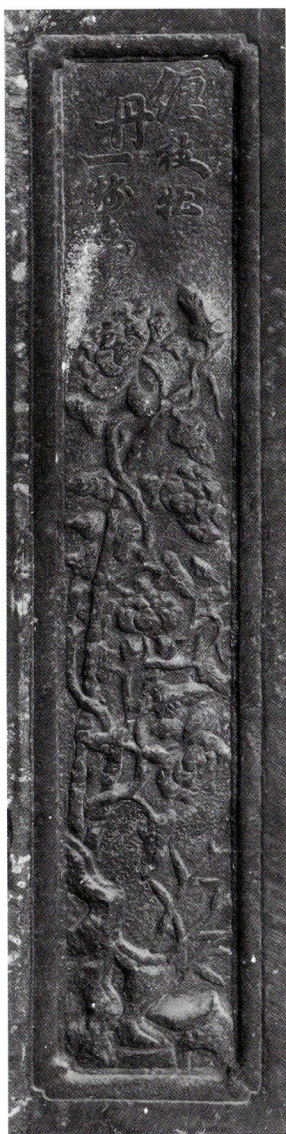

"缠枝牡丹一树香" 小条幅石雕

一枝牡丹花缠绕在树枝上，牡丹寓意富贵，与相邻的"平生富贵"方幅石雕相互映衬。

"福寿宝鼎" 方幅石雕

此幅石雕以李子树为背景，树枝前方置一古鼎香炉，香炉中正有袅袅烟气散发出来，探出的树枝上结出了几个李子果，下方另有酒爵、酒杯等物。古鼎香炉上刻有"福寿宝鼎"，落款为"时在丙辰荷月"，"辽阳张纪五作"，即1916年6月作。

"鼎炉生烟" 方幅石雕

此幅石雕以桃枝、仙桃为背景，四颗仙桃圆润可人，令人垂涎；桃枝下右侧有一古朴提梁茶壶和一只竖条纹托盘茶杯，左侧则有一双耳鼎炉正吐着烟气，烟气似一片片小云朵，十分传神，落款为"仲夏月·绳止戈作"。

竖幅 "黄花开后霜风肃，篱边又见僧鞋菊" 石雕

　　此石雕表现的是盆栽僧鞋菊，花盆为六棱形，每一面都雕刻有花纹，十分精致；僧鞋菊枝叶茂盛摇曳多姿，石雕上方有题诗 "黄花开后霜风肃，篱边又见僧鞋菊"，落款为 "翰西作"。僧鞋菊即附子，又名草乌、乌头等，并非菊花，形似僧鞋，是一种非常重要的中药。

多宝阁方幅装饰石雕

　　此石雕表现的是多宝阁的局部。多宝阁上面摆满古玩和书籍，其中有精致的香炉，还有花瓶，花瓶内盛有文房用品，十分文雅，其中一书上写有 "康熙字典"，可见雕刻之细腻。落款为 "锡清作"。

多宝阁方幅石雕

多宝阁中部摆有一造型别致的铜镜，镜座是一只趴着的小鹿，鹿背上有祥云托着的镜面，似日出云中。铜镜两侧各有一造型不同的花瓠；多宝阁上方最左侧的三足香炉内正有烟气飘出，上方最右侧则摆有方形鼎炉，下方摆满古玩、书籍，其中一部书还写着"四书备旨"。落款"蔡尊一作"则雕刻在多宝阁侧壁上，很是有趣。

"林香榴暖当疑春"竖幅石雕

竹篮内一束石榴花，落款为"翰西作"。

多宝阁方幅石雕

　　此处雕刻的亦是一多宝阁，与其他几幅架上摆满了古玩书画略有差异的是，此幅多宝阁上还摆有乐器：笛子、箫甚至铃铛等，其中一个笔筒上还细致地刻画着仕女图，西洋钟上刻度指针也清晰可见。落款为"郭晏林作"。多次使用多宝阁，营造了张氏家宅文雅的氛围。

"海马朝云式"大幅主题石雕

　　两匹龙马在海浪水波上飞驰，龙马下方的滔滔海浪与上空的朵朵祥云遥相呼应，显示出一派寥廓海天的壮丽景观。这幅石雕构图辽阔、想象力丰富。龙马源于古代传说，被认为是精神健壮的象征，放在中心位置突显出威武的气势。落款是"铁邑·水西造"。

"古铜玉器"方幅装饰石雕

　　此幅石雕表现的是多宝阁上的古玩，此多宝阁中间低两侧高，最显眼的是中间摆的三足双耳兽首福禄鼎炉，当是一件名贵的青铜器，右侧摆有造型别致的三个古瓶，左侧果盘内盛有水果，衬托出古朴文雅的生活气息。

"炉烟琴韵书声"方幅石雕

　　这也是一幅以静表现动的石雕。以一枝硕果累累的石榴为背景，石榴下鼎炉中烟气袅袅，加之一套精致的茶杯茶壶，画面中并无书本，更无书声，但这不正是一位翩翩少年正在石榴树下焚香读书的场景吗？读累了则饮茶解渴休息，可谓构思巧妙。

"细枝寒蕊"小条幅石雕

画面上雕着一长枝梅花，婀娜多姿的梅枝上点缀几朵淡雅的梅花，高雅清新。

"晚香寒翠"小条幅

单雕一枝菊花，一朵昂首向上，一朵俯首朝下，尺幅虽小但花朵饱满有力，片片花瓣亦清晰可辨识。

"宝鼎生香"方幅石雕

画面以一枝结有果实的树枝为背景，主图案是刻有八卦纹的三足古鼎，鼎中香烟袅袅，旁边放有如意、圆茶壶、茶杯和笔筒，笔筒内有毛笔等文房用品，细致的雕刻表现出了内宅文雅的气氛。

竖幅"似玉生无玷，为簪琢不成"石雕

刻有寿字纹的花盆内，长有一株枝叶茂盛的玉簪花，花枝在茂密的叶子中长出，一朵已经盛开，其他的依旧含苞待放，玉簪花同莲花一样，生泥土而不染，是高雅纯洁的象征。此幅石雕雕刻细腻，连花叶的纹理都清晰可见。

"洙争古鼎"方幅石雕

画面以一枝硕果累累的苹果树作衬，树枝下瓶中插着筷子和饭铲，左侧三足寿桃纹古鼎精美大气，一只案台上放着茄子、芸豆、胡萝卜、荸荠等日常蔬菜。此石雕选材生活气息浓厚。落款为"武小芳作"。

灯笼花竖幅石雕

画面是花篮中一株灯笼花，花开满满压弯了三枝花茎，花下枝叶浓密，十分写实。此幅石雕无题款，只有落款"岁次乙卯冬月作"。

"飞鸣宿食"大幅主题石雕

池塘中荷花盛开，蒲棒草、芦花挺拔，有五只野鸭嬉戏，其中两只野鸭在岸边趴伏，另外两只在水中觅食，其中一只尾部朝天扎在水里捞食，还有一只正在飞落。动感的雕刻，倒像是帅府苑内荷花池的生动写照。

二、三进院正房窗下槛墙上的52幅联成一体的组合石雕构成了装饰独特的艺术长廊。这是目前发现的民居类或官府类建筑中最长的石雕作品。

艺术

精雕细琢 锦上添花

【砖雕艺术】

帅府的砖雕艺术堪称一绝，整个帅府共有砖雕、砖刻两百四十八块，多见于照壁、面墙、墀头、博望板、女儿墙和窗罩等处。

帅府砖雕既有独立的装饰艺术作品，也有一些是为了配合其他建筑艺术起到补充的作用。从手法上看，既有镂雕的，也有阴刻的，远近分明、疏密得当，意境深远。刀法或朴拙、刚劲挺拔，或细腻柔美。砖雕虽无木雕彩绘的艳丽，但素雅的色彩更衬托出帅府豪门府邸的森严氛围。

在传统建筑中，作为山墙两端檐柱以外的墀头，是砖雕装饰的重点，帅府更不例外。一进院的墀头有22块砖雕；房脊由12块砖雕组成；垂花门楼上有砖雕8块。东西耳房外八角门洞上方各有15块砖雕组成大幅砖雕长卷画，其中西门洞上方大幅砖雕画是八骏图，与之相对应的东边是鹿鹤图。

一进院面墙上部有26块花饰纹砖雕组成的砖雕装饰线。二进院房脊有38块砖雕；一进院东西厢房前檐墙挂檐板有砖刻画2幅；二进院东西厢房前檐墙挂檐板有砖刻画2幅；二、三进院6个画轴式便门上方均有3幅为一组的砖刻图案，共计18幅砖刻画。

⊙一进院东厢房前檐墙挂檐板

⊙一进院面墙砖雕装饰线

⊙四合院房脊砖雕

在一进院东西两侧耳房前的八角门上方，各有一幅长一丈有余的大幅砖雕。

西侧画面雕刻着古城郊外风景，树丛中有奔驰的八匹骏马，形象生动，与石雕画面很相似。东侧以田野、园林、湖泊为主题，还有带吉祥意义的鹤、鹿等动物，构图深远，体现出比其他装饰艺术更为宏大、深远的画面，为整个建筑增添了深远的立体感，立于其前面，仿佛就可以乘着骏马驰骋于郊外原野一般。

在二、三进院回廊四角上方，还有18幅不同于其他砖雕的砖刻画，它们是在砖面上以白描形式将图案线条刻下来，构成一种新颖的砖刻画。

⊙一进院西侧八角门上方八骏图

⊙一进院东侧八角门上方鹿鹤图

⊙帅府四合院墀头上的雕花

小青楼镇石砖雕

小青楼有31幅镇石砖雕，每一幅的内容图案均不重复，为单幅砖雕。这些镇石砖雕以花卉为主，个别有吉祥鸟的内容，与帅府花园的动植物交相辉映。

⊙小青楼镇石砖雕

⊙小青楼前檐砖雕

个性

浑厚深沉 彰显个性

【绘画书法】

绘在墙上的艺术

壁龛壁画

　　民国时期，在洋楼里绘制壁画并不常见，出现壁龛壁画的形式就更为罕见，张作霖请画家将中国画画在了洋楼的墙上，以壁龛的形式制作于屋内，既体现了张作霖不按常理出牌的性格，也是近代以来中西融合在建筑上的体现。

　　壁画作者是民国时期奉天著名画家蔡东陀。蔡东陀，字晓坡，他不仅精通国画，还曾学习过西洋写实画法。由于他作画的风格深受张作霖的喜好，故而在大青楼落成后，被张作霖请来帅府作画。

《八骏图》

大青楼一楼一进门左边的房间原为张作霖办公室，张学良主政时改为秘书长厅。此房间北墙有两幅画，门的东侧是《八骏图》。

这是一幅具有郎世宁风格的设色工笔画，长230厘米，宽110厘米。画的是八匹骏马在一片空阔的原野上，以河流和枯树为背景营造成空阔寂寥的景色空间。八匹骏马毛色各异，栩栩如生。它们或立或卧、或长啸、或觅食、或翻滚嬉游，自由舒闲，聚散不一。这幅画中，马匹、树木、土坡，明显采用了西洋画之投影法。

久经沙场的张作霖选择在办公室绘制一幅《八骏图》似乎是再合适不过了。每当他看到这些骏马，定会追忆起往日驰骋疆场时惊心动魄的一幕幕场景。

《大观园图》

张作霖办公室门的西侧是《大观园图》，长140厘米，宽110厘米。画面由远及近崇阁巍峨，层楼高起，面面琳宫合抱，迢迢复道萦纡，青松拂檐，怪山奇石，玉栏绕砌，金辉兽面，彩焕螭头。右下角正有一男一女两个人骑着骏马向大观园走去。整个画面犹如仙境一般，让人不禁心向往之。

大帅府仿佛就是一座大观园，张作霖一生追逐名利，向往贾府一般的生活，甚或有过之而无不及。这样题材的绘画也许是他对生活方面追求最恰当的诠释。

《苍鹰松柏图》

张作霖办公室里屋是卧室，空间比较小，但在其东、南、北三面却都装饰了壁画，足见张作霖对中国传统文化的喜爱。

张作霖卧室南面是《苍鹰松柏图》，此画长122厘米，宽110厘米。这幅设色山水画正中一只展翅的雄鹰兀立于河流中巨石之上，雄鹰昂首回望一棵巨大弯曲的古松，雄鹰志高凌云的英姿，刚健有神。画家将展翅的雄鹰、冲天的巨石、虬枝古松三者巧妙地结合在一起，凸显了画面的立意，暗示了雄鹰在乱石林立的环境下，搏击长空，志存高远，如古松一样历经岁月的冲刷仍保持着郁郁葱葱旺盛的生命力，像极了房间主人张作霖从一个流浪儿到执掌一方的军政大员的奋斗经历。

鹰为英雄的象征，预鹰以高瞻远瞩、坚强刚毅及大无畏气概加以赞美。松柏喻久长，故此题材反映张作霖希望自己长久地称雄于世，隐喻了张作霖自己的英雄梦。

《青绿山水图》

张作霖卧室东面是《青绿山水图》，长181厘米，宽110厘米。《青绿山水图》画面采用远山近景多层次的构图，远景绘一突兀的群峰直立图中，悬崖峭壁，不见山路，其势高耸入云，层层白云拥于山腰。巍峨的山脉绵延伸向远方，茂密的深林从山巅一直逶迤山下。中景绘沟谷纵横，景观横向延展，山上林木葱茏，蔽天盖地，中间的坡地上茂密丛林掩映着古刹，而画面偏中的另一处古刹古塔在树海和云海中若隐若现，好一幅人间仙境。

《芦雁图》

张作霖卧室北面是《芦雁图》，长220厘米，宽110厘米。此图中鸿雁采用没骨画法，设色浅淡，采用左上右下构图。右下方是6只鸿雁在苇荡洲上小憩、饮水、降落等，一只鸿雁正抻长脖子对着左上方正欲归落的3只鸿雁鸣叫，两处的鸿雁遥相呼应，动感强烈。右下的一只凫水的鸿雁起到了衔接两处鸿雁的效果。芦苇用大笔挥写，苇间沙洲用干笔淡墨横拖表现，顿显平阔之空间感。画家用笔洗练，每一只鸿雁都姿貌丰腴，笔势流畅。整个画面恬静雅致、神静气闲。

此屋作为私密空间，一般外人不得进入，这样两幅题材的绘画反映出张作霖为人霸气之外而鲜为人知的生活情趣。

《秋收图》

现存最大、最精彩的一幅壁龛壁画《秋收图》设在大青楼一楼宴会厅的东墙上，宽近3米，高1米，这是一幅北方秋季劳作设色风俗画。

《秋收图》由八组有主有次的画面组成。场面宏大的左右两组画面：左下部是八个农民在场院里扬场、垛草、背粮食，院墙外的农民正大步挑担进院。右下部也是秋天的劳作，在画面的正中偏下的一组画面：一口井、两只狗、两个橘红色木墩分置在一女子左右，女子正弯腰从井里汲水。壁画正中另一户人家，弯弯的溪水在阳光的照射下熠熠生光地从这家房侧流过，怀抱着婴儿的母亲闲适地站在碾磨边上看着她的女儿。除了这四组主要的画面外，还有四组次要的画面：左上部一远景、一近景的农民在忙碌收割的场面。右上部也是两组画面。远景的画面是村民在山谷中肩扛柴草向山下逶迤走去。稍近一点的画面是一群山羊在吃草，两个放羊娃在放羊闲暇中嬉戏，画面动静呼应。

张作霖早年生活在海城农村，家境贫寒，秋收是农民一年当中最开心快乐的事情，丰收图能让他在画中体验到那份快乐。

《林黛玉进贾府》

　　东北政务委员会办公室北墙东侧是古典名著《红楼梦》经典题材《林黛玉进贾府》设色仕女人物画。

　　《林黛玉进贾府》选自《红楼梦》第三回，描写的是林黛玉第一次进入贾府的情景，是全书进一步展开故事的精华之笔。帅府的这幅《林黛玉进贾府》人物造型生动，线条优美，技艺上乘。贾府的富丽堂皇也映衬出大青楼的美轮美奂和大帅府邸的不凡地位。

《僧道图》

《九羊启泰图》

　　东北政务委员会办公室北墙西侧的《僧道图》描绘的是一位老僧和一位道士模样的人谈心，旁边摆放着书函和琴瑟。正面的墙壁是一幅较大的壁画，表现了九只山羊和绵羊，无题款，一般称为"九羊启泰"。这两幅画在当时属未完成的废弃之作。

别出心裁 水泥花鸟画

水泥画作为一个画种，目前尚无典籍可考，水泥花鸟画这一名称是否准确尚不可知，但在帅府的建筑装饰艺术中，水泥画确实别出心裁地装扮了帅府的标志性建筑——大青楼。

水泥虽是如今世界各地随处可见、应用最广泛的建筑材料，但近代却被国人称为"洋灰""英泥"，因为水泥诞生于1824年的欧洲，并非我国古有的材料，因而，在建筑帅府时使用水泥画属于中西合璧的新颖事物。然而，材料虽是西式的、新式的，帅府的水泥画的内容却是表现了传统的绘画题材。在大青楼的外立面拱门洞东侧图案为竖幅《松鹤延年》，而西侧则为《兰松鹿图》，上方是有横幅的《龙凤图》《牡丹图》等，大楼正面外廊两侧是对称的《牡丹荷花图》，均为中国传统绘画的经典题材。松鹤鹿等表达了长寿、进爵的美好愿望，龙凤和牡丹则衬托出大青楼的富丽堂皇。

水泥画如深浮雕，凹凸感强烈，表现较为写实。但从制作工艺上，不需要一刀一刻地费力雕琢，而是先制作好模具，整体浇筑而成，具有制作简单、效果生动自然的优势。因为大青楼为"洋楼"，传统的石雕、木雕、彩画无论是材质上还是颜色上都与建筑不够协调，而在洋楼上用水泥制作的中国书画就显得与建筑自然融合、色调一致，较好地装扮了大青楼的外立面，且仔细观察又显得尤为与众不同，可谓与建筑相得益彰。

⊙大青楼水泥画

字画楹联 张作霖

　　张作霖挂在帅府院内自己亲手书写的匾额和楹联，是帅府个性化而又能体现建筑主人性格特征的装饰。在张作霖的办公室里悬挂着"书有未曾经我读，事无不可对人言"的对联。在其议事厅里的墙柱上悬挂着"一丸塞函谷，三箭定天山"的对联。在花园假山石洞上朝南朝北两个方向分别镶嵌着他亲书的"天理人心""慎行"两个石制匾额。从这些楹联和匾额中我们不难看出张作霖的为人和气魄。

　　张作霖出身贫寒，据说只读过六个月的私塾，但后来在其军旅生涯中却一直很注意自学文化知识，他的书法作品并无一定成法，汪洋恣意，从作品的线条伸展流变，布局的主从、倚正、大小、疏密、呼应、断续、浓淡等笔法的处理，可以感受到他的心理气质和情感世界。

⊙张作霖办公室内悬挂的楹联（复制品）

匾额和楹联

　　匾额和楹联也是大帅府大量使用的装饰手段，不仅强化了帅府建筑的民族特色，也是帅府豪门大院的象征。帅府的匾额和楹联主要集中在四合院的中辕门，大门，垂花仪门，门楼，二、三进院正房和假山门洞上等。

他人赠送匾额、楹联

　　张作霖建造的这座府宅，不同于当年在新民府的杏核店胡同的家宅，这是他在奉天权力炙手可热的时候建造的。府宅即将建完，他就当上了奉天督军兼省长，权倾奉天，因而巴结之人不在少数，从帅府匾额中不难看出这种倾向。这些匾额分别在：四合院门洞上方朝南朝北正对着，现只剩下朝南的"治国护民"的匾额；垂花仪门门楼里

上联是"关塞仗金锋屹甲千城万里"，下联是"海外接半壁昭泽三省六洲"，横批是"宏开塞外"；而在垂花仪门朝北的背面悬挂着"德被苍生"的匾额；在大帅办公的二进院门楼上和正房门洞上方悬挂着"望重长城"和"桑梓功臣"的匾额。这些匾额和楹联都是人们对张作霖的歌功颂德。如果抛开其他，单就其为人做事来看，张作霖

还是为桑梓做过不少贡献的，并非尽是虚言。

　　张作霖建造自己的府宅悬挂别人赠送的匾额和楹联，以及他将自己书写的匾额和楹联镶嵌在府宅建筑中，除了起到装饰建筑和显示门第的作用，更会给他一种警示和告诫，以及起到勉励自己和振奋精神的作用。

文化

理念情趣的表达

帅府建筑文化

　　建筑有性格，建筑有精神，土木砖石经过切磋琢磨，便有了鲜活的语言，流淌着动人故事，风物传奇。

　　建筑有记忆，建筑有灵魂，房梁屋脊经过描绘雕刻，便有了跃动的生命，诉说着金戈铁马，花前月下。

　　大帅府蕴含着丰富的文化内涵和艺术魅力，从选址到布局，从建造到装饰，其建筑风格和装饰艺术或鲜明或隐晦地表现了帅府主人尤其是张作霖的思想与情趣，希望与期盼，正所谓一砖一石总关情……

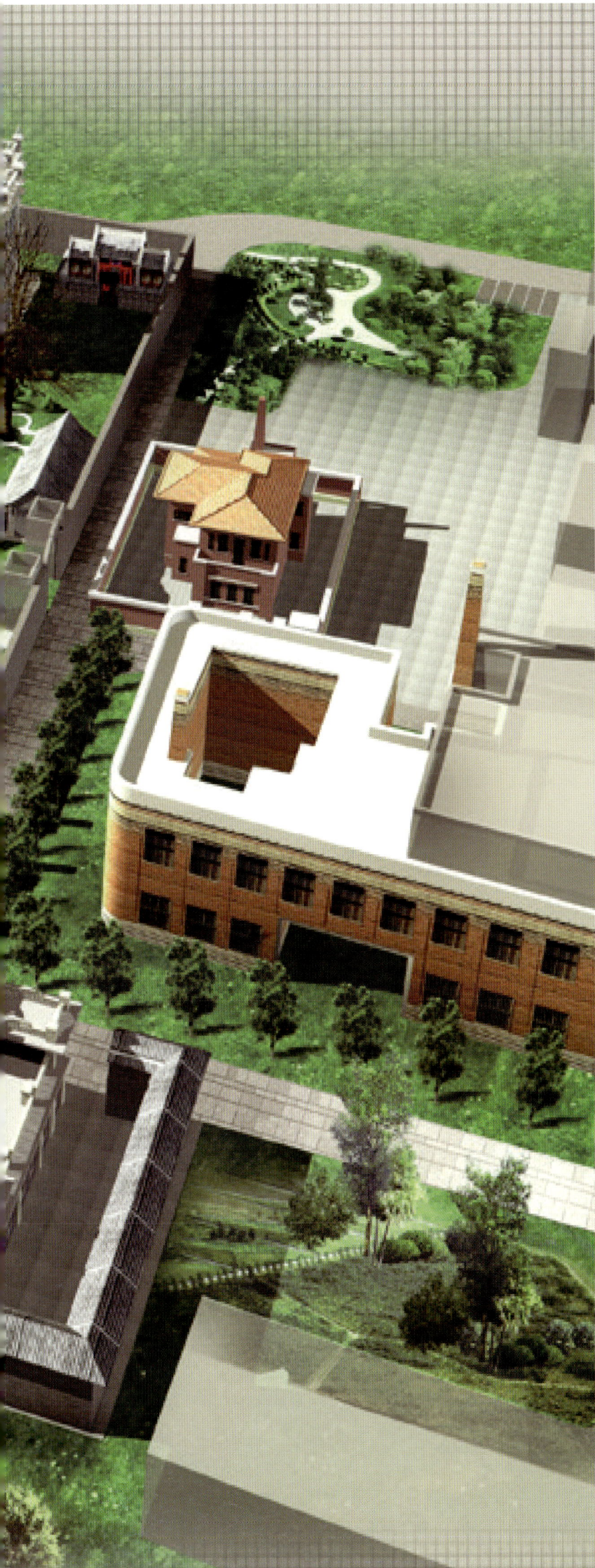

融合 規划有序 異彩紛呈

【建筑理念】

大帅府总占地面积五万三千平方米，其「三路建筑平行式」的平面组合方式和「前政后寝」的建筑功能，将军阀家居特有的公、私属性，在空间、功能、风格上有效融合，将办公的庄严肃穆与居家的幽雅闲适结合得恰到好处，真实地反映了民国时期特有的军阀政治形态。

规划有序 科学严谨
空间布局

　　帅府的建筑规划有序，纵向中、东、西三路平行式的建筑群烘托出官署的规模和气势，而建筑与花园环境的融合、建筑与传统文化的融汇，又营造出最舒适的人居环境。

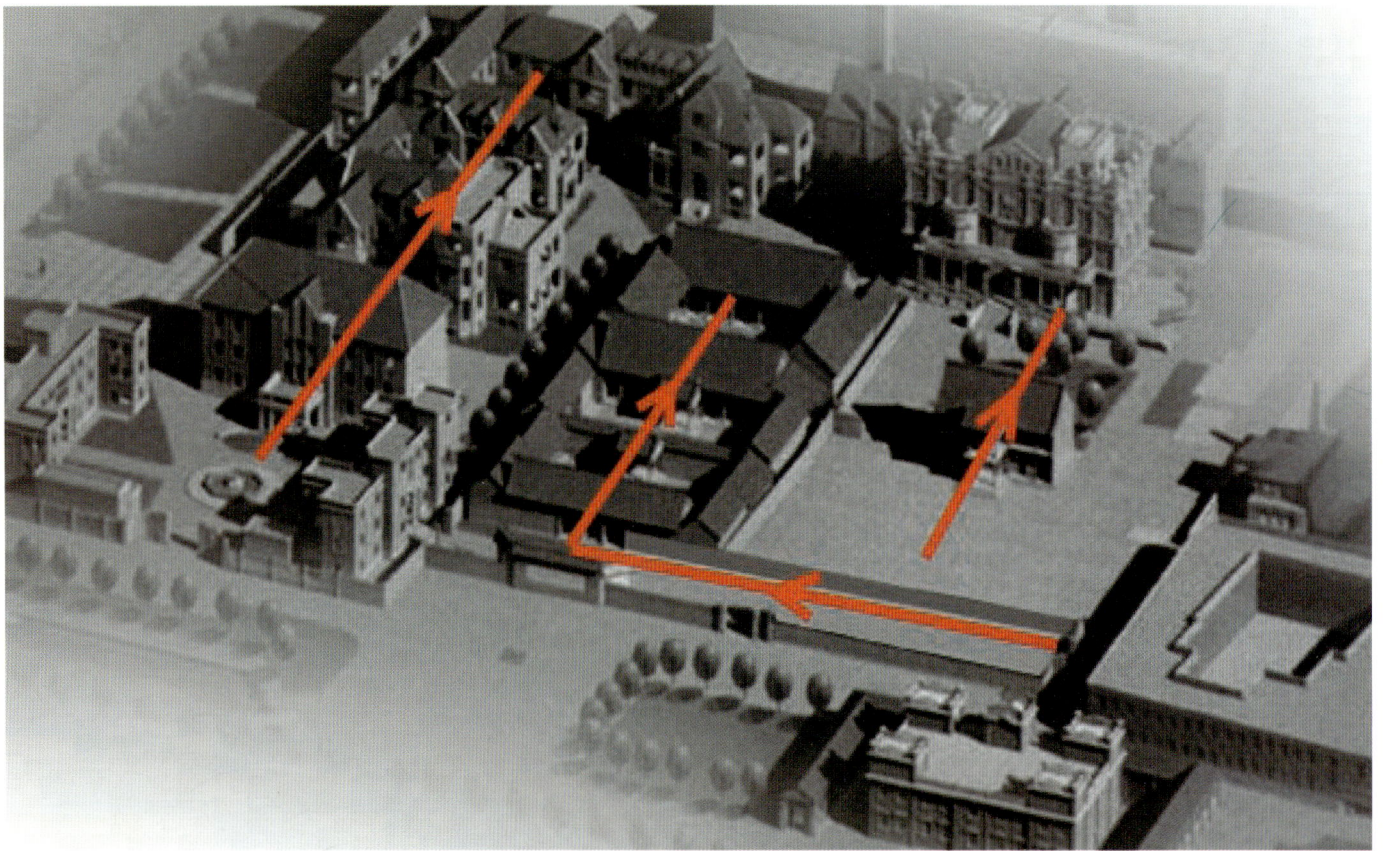

⊙帅府建筑走向示意图

中路——以中轴线为核心的闭合空间

中国传统建筑具有深刻的中轴线平面布局意识。对称安排、秩序井然、有条不紊，强烈的政治伦理色彩和浓郁的理性精神，这一中国古代建筑文化的特色，在帅府建筑群的中路表现得尤为突出。

中路的四合院平面呈矩形，南北长，东西窄，四周以围墙封闭。四合院大门居中，南向。向北依次为"门神"院门、垂花门楼和"望重长城"门楼。这三处门或门楼都处在中轴线上，具有强烈的院落层次感。

四合院两侧诸多建筑的平面布局左右对称，照壁、大门、垂花仪门、二进院正房和三进院正房设置在一条纵向的直线之上，使整个群体建筑的中轴线强烈地突现出来，体现了中国传统建筑文化根深蒂固的"中"的意识。四合院建筑除在南侧开设两扇正门，整个房子围合成一个封闭空间，是名副其实的"四合"之院。

在空间功能布局上，中路建筑具备了古代宫廷建筑"前政后寝"的形制，其一进院、二进院是办公场所，具有"前政"的性质和功能，张作霖曾在那里处理奉天全省政务、军务。三进院落是张作霖内眷的居住地，可以说是"后寝"，所以，中路建筑具备了官署和私宅的双重属性。

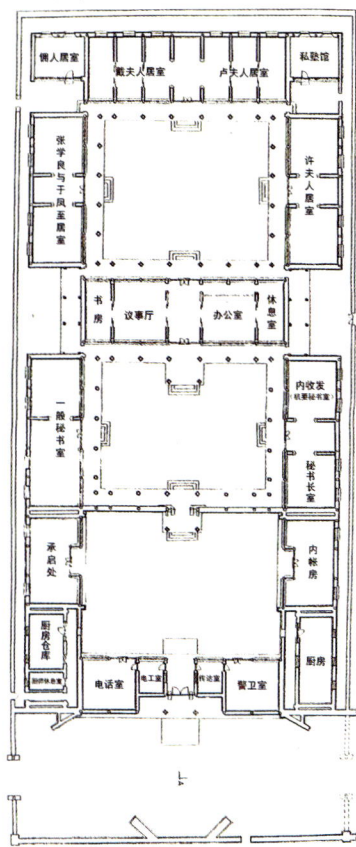

⊙四合院房间使用示意图

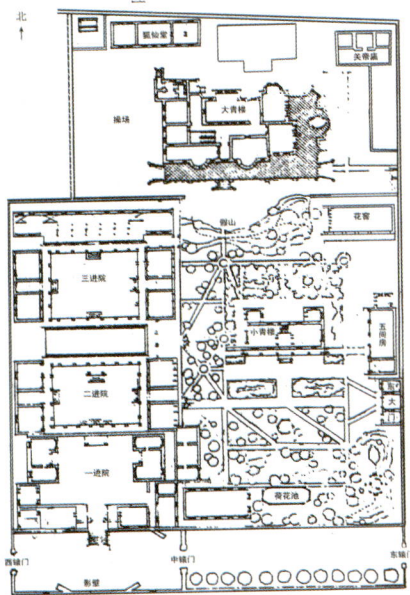

⊙ 1934 年大帅府配置图局部，可以清晰地看到帅府东院的布局。

东路——大青楼统领的复合空间

帅府的东路建筑多姿多彩，有花园，有洋房，有"园中花厅"，但其建筑布局并无杂乱之感，而是交相辉映、相得益彰。

作为帅府地标式建筑，大青楼设在院落的北部，它的正前方即是假山、小青楼及帅府花园。假山是大青楼象征性的屏障，起到与四合院和帅府花园相隔离的作用。而小青楼置于花园的中心，并取名"园中花厅"，上下两层，南面有大门楼，北面有小门，二楼南面设有围栏式阳台，楼体四面窗户众多，是观景的绝佳之处，与帅府花园互为交融。小青楼由青砖砌成，在风格上与四合院浑然一体，和谐统一。张作霖在花园之中建造类似别馆的小青楼，不仅体现出"花在丛中笑"的艺术效果，同时也反映出张作霖虽为武人，亦具文人情怀。

西路——纵向排列式的院落空间

　　西院红楼群（少帅府）整体呈轴线对称布局，入口处的三栋楼为一正两厢，中间围成小广场，后三栋采用连廊式连在一起，呈"E"形，形成院落，使红楼群空间形态自由活泼，有着极强的院落感和闲适的生活气息。

　　红楼群同样体现了"前政后寝"的传统建筑空间功能格局。其"前政"部分单独南向开门，门前有巨大的照壁，且凸出于大帅府前的水平线，使大帅府的形象在视觉上发生了根本的改变。

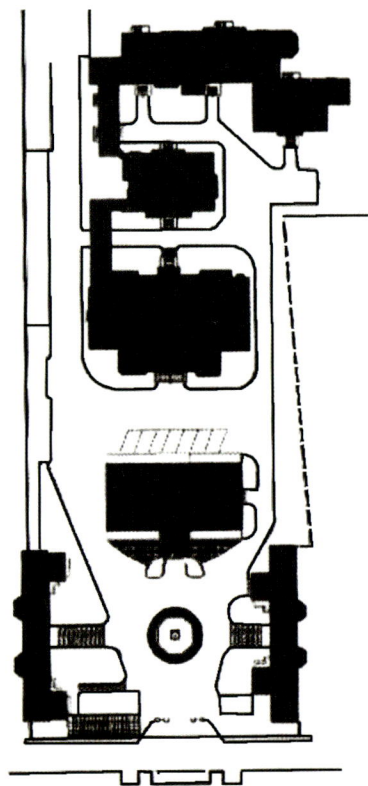

⊙红楼群平面图

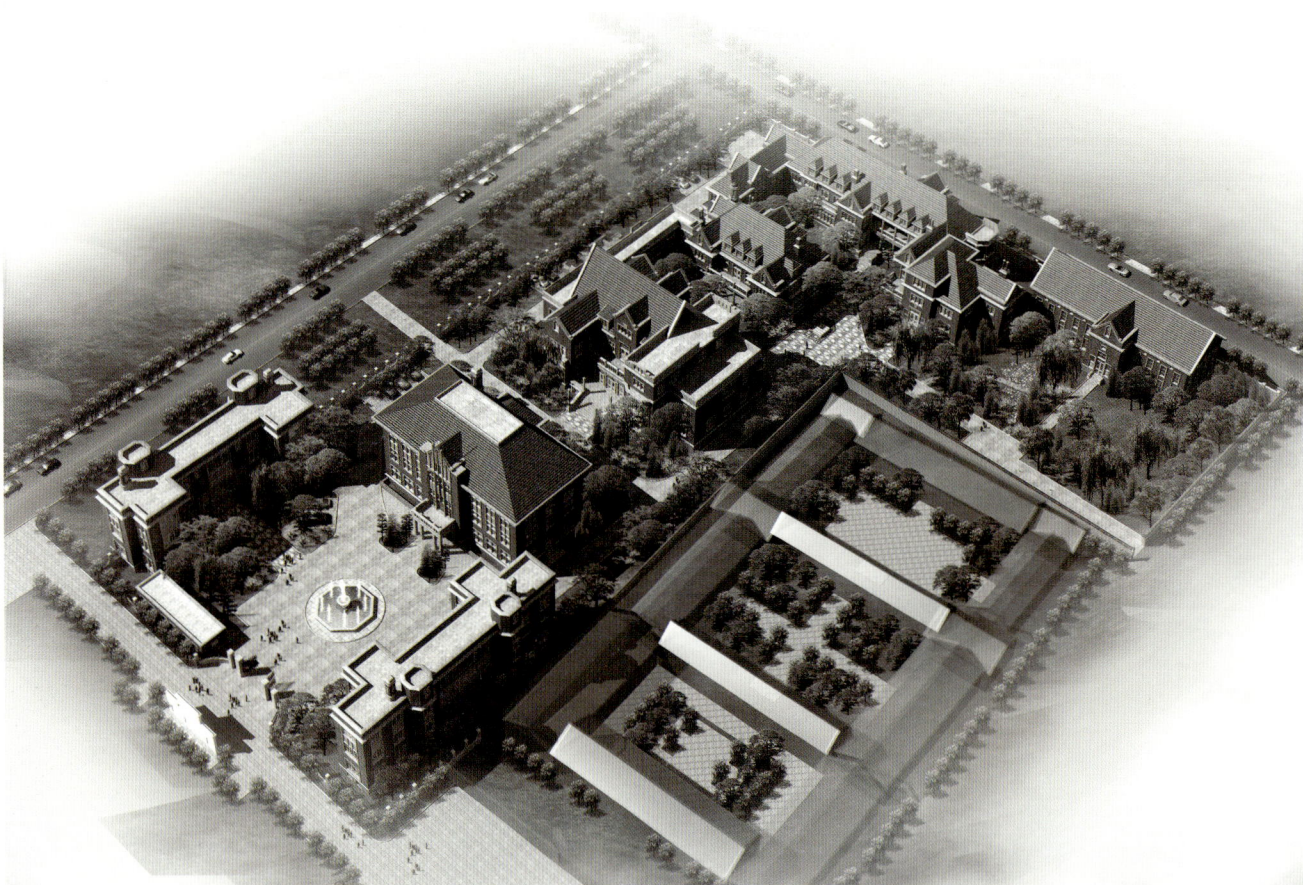

⊙红楼群鸟瞰图

院外——众星捧月式的建筑群

帅府的院外建筑即赵一荻故居、边业银行和帅府办事处，分布在帅府的周围，与帅府形成一个有机的整体。

赵一荻故居位于帅府大院的东墙外，与边业银行仅一胡同之隔。边业银行位于帅府花园东侧，一直延伸到朝阳街。边业银行整幢建筑自东向西依次为三层和二层，高度依次递减，既不影响帅府的天际线，也凸显了帅府的森严与阔大，临街处的设置强化了它作为公共建筑——银行的开放视觉。而帅府办事处则建在帅府正南偏东的位置，采用青砖砌筑，保持了与帅府建筑色彩的统一。其门面朝北，面向帅府，以帅府附属建筑的形式与主体建筑融为一体。帅府的院外建筑与院内建筑和谐共生，有"众星捧月"之感。

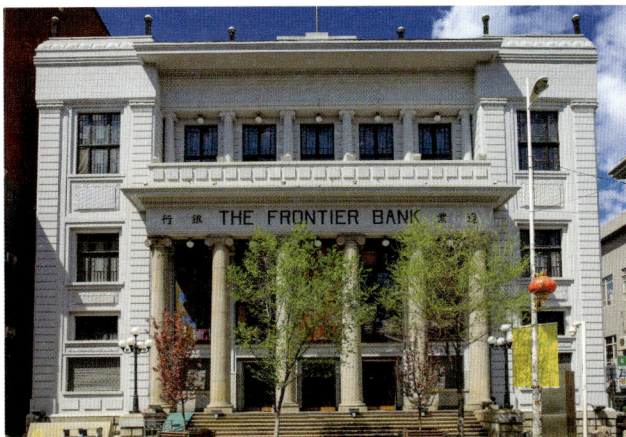
⊙边业银行

⊙帅府办事处

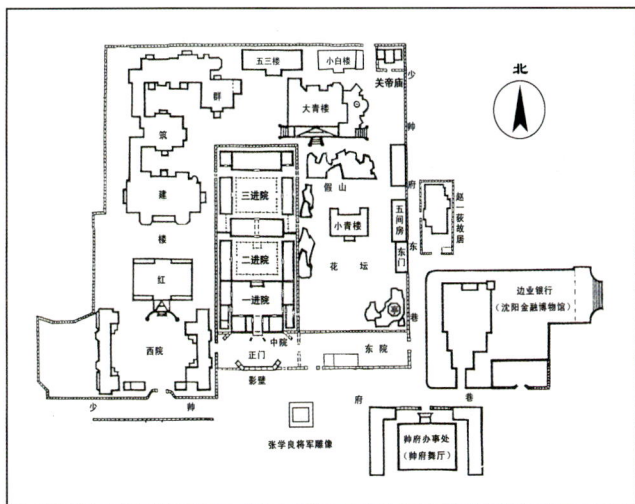
⊙大帅府平面图

⊙赵一荻故居

异彩纷呈 错落有致
风格韵味

  大帅府拥有六处中国近代优秀的建筑组群，每一组建筑要么大气开合、精美绝伦，如中国传统建筑三进四合院落；要么气势恢弘，洋气十足，中国传统文化附之于上，意蕴深远，如大青楼；"园中花厅"式的小青楼，亦中亦洋，典雅别致，犹如花园中一颗耀眼的明珠；而少帅府、帅府办事处、边业银行大楼等，纯正的欧式建筑给人以布局严谨、古典浪漫的情怀，细细地观赏这些建筑，可以体味到不同风格的建筑之美。

　　三进四合院是采用木构架结构体系而建造的仿王府式建筑，属于典型的中国传统建筑，呈"目"字形，雕梁画栋、飞檐翘角、斗拱彩绘，在绿树映衬之下，光彩照人、庄重典雅，是清末民初四合院建筑的经典之作。

　　四合院建筑是由台基、屋身和屋顶三部分组成，各部分按一定的比例进行设计以求视觉上的美感。屋身由柱子、梁枋和门窗组成。正脊和檐端柔和的曲线，使屋顶成为中国传统建筑中最突出的形象。四合院的柱、梁、额、桁、枋、拱等构件在满足了结构和功能本身要求的同时，也兼具装饰的作用。

　　注重细节，注重人文，注重艺术是中国传统建筑的精髓。四合院建筑是以铺开成面的形式展开的，具有体积感的单体，不是独立自在之物，只是作为群体的一部分而生存的。在这种封闭的院落里，进进出出都会感受到诗情画意和幽静闲适的氛围。

⊙静谧的四合院

⊙婉约的小青楼

中西合璧式建筑

　　中西合璧式风格是指传统建筑文化与外来建筑文化相互交织、互相渗透而彼此相融。小青楼为两层硬山起脊的外廊式建筑，屋架结构为传统的抬梁式，建筑内部空间套用东北民居"明间进入、两侧口袋房"式布局，其朱漆门柱、雀替、门楼、青筒瓦和举架式木结构，以及墙体砌筑工艺，都是中国传统建筑的处理手法。而"凹"字形平面布局、木门窗形式、石材窗台、枭混线条、宝瓶式外廊栏杆、砖砌拱窗及镇石窗罩等装饰又都是西洋式的处理手法。

　　尽管小青楼着力模仿西洋形式，但由于本地材料与技术所限，仍采用本地传统的砖木结构，其传统工艺制作的砖雕纹饰、砖砌腰檐、水平线带、叠涩拱券窗装饰壁柱，充分体现了本地工匠的高超技艺和聪明才智，也反映出建筑主人对外来文化主动吸纳的一种姿态。

⊙小青楼券拱门

⊙宝瓶式外廊栏杆

中华巴洛克式建筑

巴洛克建筑特点是外形自由，追求动态，喜好富丽的装饰、雕刻和强烈的色彩，常用穿插的曲面和椭圆形空间。它的风格自由奔放，造型繁复，富于变化。"中华巴洛克"简单说来就是在中国形成的有巴洛克风格的建筑。

大青楼，其造型与内部空间划分都是典型的西洋方式。水泥灌注的砌口、简化的爱奥尼克柱式、多利克柱式，等等，都是罗马式建筑符号。外部设计的多利克柱式是当时意大利西西里一带城邦建筑中发展比较充分的一种古典柱式，其造型似有一股顶天立地的男子气概，象征男性的刚劲有力。内部设计的爱奥尼克柱式起源于小亚细亚的城邦建筑，它的柱身比例修长，檐部轻盈，柱头的涡卷形感与质感比较柔和，并设有柱础，整个石柱形象秀丽端雅，象征女性的柔和与娇美。

大青楼中式符号也不少，充分体现了中西文化的深层交融与所取得的成就：室内装饰以西式木吊顶、木墙裙、壁炉为主，辅以中式壁画、天井天花等，屋内设施仍是中国传统的红木家具。大青楼外墙大部分为青砖砌筑。建筑的承重体系，梁柱、屋架、楼梯等仍为中式惯用的木构做法。建筑装饰以西式为主，却又融进了中国的传统纹饰和雕饰，楼的拱形门柱及正面两侧立柱别出心裁地用中国花鸟画的图案来装饰，增加了大青楼中国传统文化的装饰效果。大青楼是座典型的以西式为主体、含有大量中国文化意蕴的中国式洋楼，成为沈阳近代建筑中的精品之作。

欧洲古典式建筑风格强调以华丽的装饰、浓烈的色彩、精美的造型达到雍容华贵的装饰效果。

红楼群采用英国都铎、哥特式的设计风格，并做适当简化。建筑为地上三层，半地下一层。红砖外墙，局部以混凝土饰面，红白相间，色彩明快，其屋面陡峭的坡顶上点缀着突起的老虎窗，品位高雅，形态动人，格调统一。而精心简化处理的建筑装饰、室内以斗拱造型固定大厅天花等设计手法，体现出设计者力图突破西方所流行的新古典主义的束缚，潜心于西为中用之路的开辟与探索。

帅府办事处为"回"字形建筑群，坐南朝北。主楼大门台阶两侧立有8根爱奥尼水泥柱，以此为中线，两侧成对称展开，整个楼面以"出"形构图，显得端庄秀美。主楼楼内两层中空，四周回廊，一楼为装饰豪华的跳舞大厅，整个建筑完全是欧式小洋楼风格。

边业银行的正立面为欧洲18世纪流行的罗马古典复兴的建筑样式，采用"三段式"构图，由高高的台基、柱子和檐部组成，在十级台阶上的门廊由六根直径为1米的爱奥尼克巨柱式组成，巨柱贯通两层，支撑着三层的出挑阳台部分。三层挑台上有六根短小的爱奥尼克柱式承托屋檐，柱顶饰花垂穗。门廊两侧有平面化壁柱，正立面均由假石贴面，整个建筑严谨壮观，比例均匀。檐口、柱头以及上下两层窗间精美的浮雕花饰，建筑转角的石材和窗楣、窗套、檐口、线角等，也表现了强烈的欧式风格。

⊙红楼群局部

⊙帅府办事处局部

⊙边业银行正面局部

东洋式建筑

东洋式建筑,其典型特点是以砖木结构为主,建筑线条细腻、小巧精致,空间变化且富有魅力,透露出浓郁的东方气息。

赵一荻故居,"人"字梁结合使用的大屋顶、木板封檐、西式仰瓦,构成典型的东洋式建筑风格。其楼体颜色赭红,秀气而华贵,四周围以赭红的水泥围墙,形成一个封闭的院落。檐脊错落,再配以绘有仙鹤的望板,仿佛是一座独立的城堡,静谧而安详。

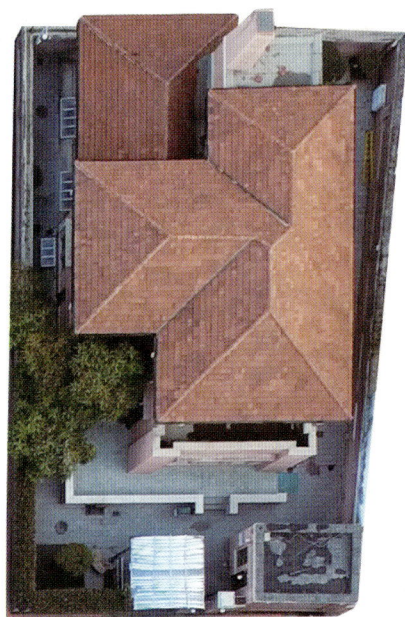

⊙赵一荻故居楼顶视图

福祥

寄情传统 迎祥纳福

【文化意蕴】

建筑是文化的载体。在人们的潜意识里，张作霖不过是绿林好汉、枭雄人物，粗通文墨，其府宅不见得有多少文化在其中。然而，想象中的帅府和现实中的帅府大相径庭。就帅府建筑及建筑的装饰艺术来看，从府邸的布局、房屋的建造工艺、人居环境的营造，到随处可见的多种艺术装饰形式的采用，尤其是各种装饰上所含有的文化信息，无一不在昭示着中国传统文化、民俗文化的博大精深，帅府就是一个被工艺技术和文化艺术密布包容着的世界。细细品味这些精美的建筑和建筑上的纹饰图案，可以走进张家人的生活方式，走进他们的精神世界，了解那个时代人们的所思所想。

吉祥帅府

　　吉祥图案寄托着人们对美好生活的向往和追求，自古即被广泛运用到宅院建筑中，所以有"图必有意，意必吉祥"之说。

　　吉祥的内容主要是添福、增寿、多子，概括起来就是中国人用来表达的美好意愿，这些题材在帅府中都随处可见。这些题材最接近百姓生活，以朴素而直白的艺术语言表达对生命和生活的关注，对家族兴旺的企盼，对富裕和美好生活的向往，以及对自身社会地位的追求。最具中国传统文化内涵的吉征、祥瑞图案，作为一种吉祥符号，更是闪烁在帅府的每一个角落：四合院、大青楼、小青楼……

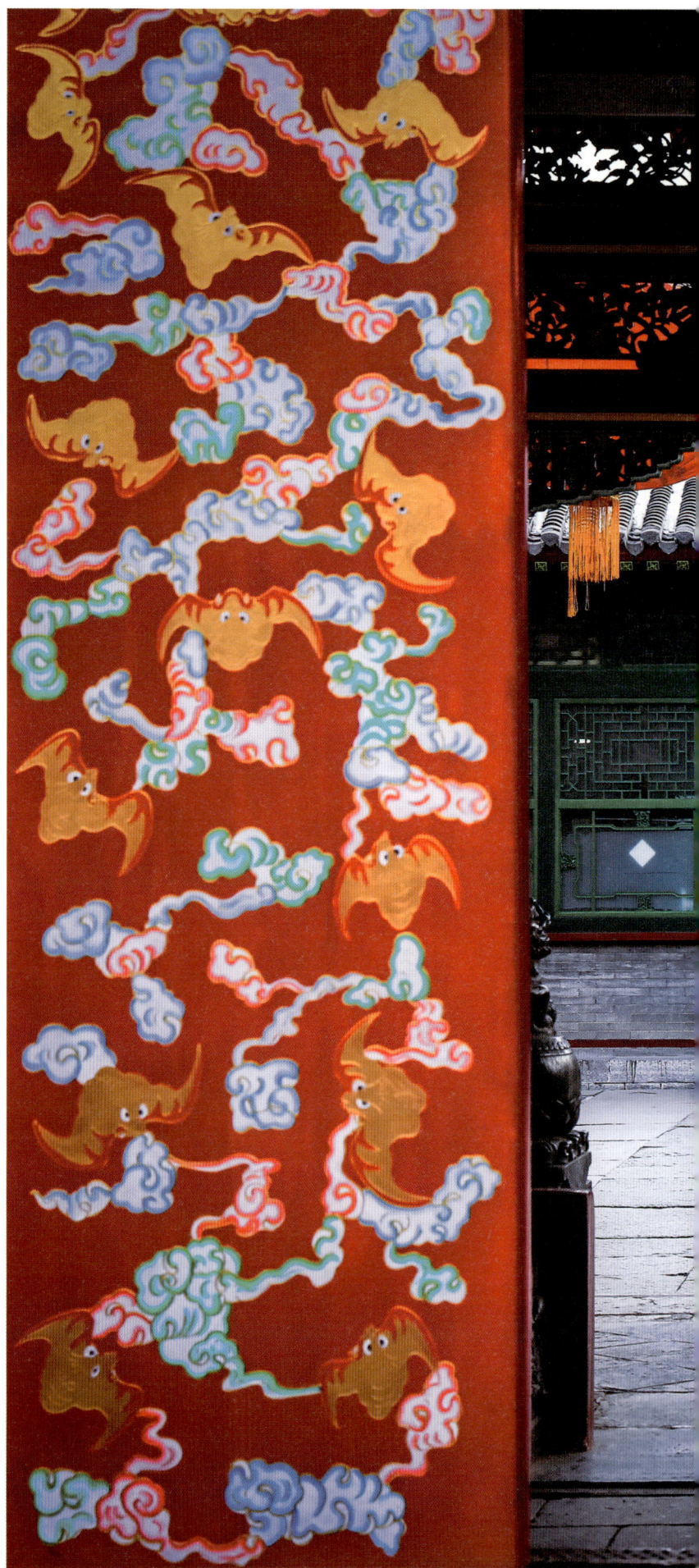

帅府"吉祥"

所谓"片瓦有致，寸石生情"。帅府诸多的木雕、彩绘、石雕、砖雕、壁画、楹联与匾额建筑装饰题材，用借代、隐喻、比拟、谐音等手法传达中国传统的交合化育、延年增寿、招财纳福、功名利禄等吉祥文化内涵。借牡丹代富贵、借石榴代多子；以月季、翠竹寓意"四季平安""竹报平安"；以"九阳（羊）启泰"征示吉运之兆、以古鼎昭启殷实、鼎盛的家业；以"卍"字纹样，寓意"富贵不断头"，吉祥绵延不断；菊花与松树构图，叫"松菊延年"；蟠桃配灵芝，称"仙寿"；蟠桃配蝙蝠，称"福寿"；水仙与灵芝、竹、石相配，称"芝仙祝寿""天仙寿芝"……多姿多彩的图案、祥瑞纷纷的寓意，使帅府充满了浓浓的吉庆氛围，表达了帅府主人的美好愿望和追求。

⊙彩绘——四季富贵

⊙彩绘——春满人间

⊙彩绘——富贵长寿

"福"在眼前

　　长久以来，人们运用最多的祥兆吉语就是"福""禄""寿""喜"等类字眼和谐音，而出现频率最高的就是"福"。走进四合院，推开厚重的朱漆大门，一副由大门门钉组合而成的五言楹联甚是夺目，上联为：太平壹门福；下联为：吉利二字金。在帅府主人的眼里，太平即是福，吉利贵于金。四合院是帅府最早的建筑，初建四合院时，张作霖刚刚经历了辛亥革命的血雨腥风，因缘际会由清军的一个小头目转而成为了民国的中将师长，踌躇满志的他既希望天下太平、举家平安，又期盼日后诸事吉利、事业有成。在正门这样如此显要的位置标注这样的吉祥语，可见"福"在帅府主人心中占有怎样的地位。

⊙ "万福流云"仪门

蝙蝠本身的形象并不美，但"蝠"象征"福"，人们为了讨口彩，取吉祥，用蝙蝠的形象喻福，与蝙蝠结合的吉祥图案达到了无以复加的程度，出现了大量蝙蝠吉祥图案。照壁"鸿禧"周边的蝙蝠装饰、门神大门上的蝙蝠装饰以及一进院西厢房的墀头处，一串铜钱上面旋飞着一只蝙蝠，其寓意"福在眼前"。

二进院是张作霖早期办公的场所，跨门而入，对开的"万福流云"仪门尤其引人注目，在大红色背景的映衬下，蝙蝠旋飞，祥云流转，气势非同一般，正是帅府主人所期望的福运临门。此处的垂花仪门是当年张作霖接待重要客人和举行仪式的地方，只要贵宾来访，自然仪门大开。张作霖一生戎马，不仅希望自己自求多福，而且希望更多的人、全天下的人都平安幸福，很有一种"有福大家享""家天下"的意味。

⊙砖雕——福在眼前

⊙"万福流云"仪门局部

五福捧"寿"

吉祥图案中的"富禄寿考"、健康长寿等题材，是民间最为广泛、最为普遍和最为喜尚的题材之一。《尚书·洪范》记载：世间有"五福：一曰寿，二曰富，三曰康宁，四曰攸好德，五曰考终命。"五福常驻，主家安康。张作霖祈望这些吉祥的绘画能给府宅和家人带来福运。

在中国，民间视鹤为长寿之禽、鹿为瑞兽、蟠桃为仙果，松柏终年常青，八仙所持的灵物葫芦、扇子、玉板、荷花、宝剑、箫管、花篮、渔鼓即"暗八仙"，都寓有长寿之意，"鹤鹿同春""松鹤延年""双鹤对舞""松鹤遐龄"等也是帅府建筑中最常用的吉祥图案。

⊙彩绘——五福捧寿

⊙木雕——鹤鸣九霄升名放天　鹿啼苓芝永寿万年

⊙"万福流云"仪门背面

　　喜庆、富贵、平安等题材在传统的建筑装饰中是必不可少的，帅府中更是比比皆是。其中寓意"喜气"的喜庆之鸟——喜鹊在帅府的雕刻中随处可见，以"喜鹊登梅""喜上眉梢""抬头见喜"等传统寓意将帅府融入一片喜气洋洋之中。

　　《辞海》中载：鸿禧，犹洪福，《宋史·乐志十四》中亦有"鸿禧累福，骈赍翕臻"的词句。鸿禧即意为多喜多福、福喜连绵。"鸿禧"二字书于帅府照壁之上，其字体温润而厚重，大气中不乏委婉，雄浑中不失淡远，浸透着浓郁的传统文化韵味。环绕"鸿禧"二字的是蝙蝠和祥云，以珐琅彩手绘着色，照壁壁芯外边为砖雕回纹，寓意富贵吉祥绵延不断之意，它承载着帅府主人张作霖迎祥纳福的强烈愿望与祈盼。

⊙照壁壁芯

⊙石雕——喜鹊登梅

⊙鸿禧照壁

榴开百"子"

人类对于繁衍生息、人丁兴旺的生殖现象，历来是大为宣扬的，认为多子多孙多福寿，因此，儿孙满堂、共享天伦之乐一直是人们所追求的，以多子多孙、瓜瓞绵长为题材的吉祥图案也因之而丰富多彩。

石榴与桃子、佛手被誉为中国的三大吉祥果。石榴"千房同膜，千子如一"，可谓一果多子，所以民间多以"榴开百子"借以表达子孙繁衍、绵延不断之吉祥寓意。石榴的籽粒很多，以示多子多孙。

瓜类多半是蔓生植物，蔓藤像带子绵延不绝。"带"和"代"同音，瓜田中又是果实累累。因此，瓜类都蕴含着子孙万代、长久不绝的意义。我国最早的一部诗歌总集《诗经》中将大瓜称之为瓜，小瓜称之为瓞，蔓即带，因此蔓带通于万代也是取绵绵不绝、子孙万代之意，此之谓"瓜瓞绵长"也。中国有这样的传说：据说将一个葫芦里的种子全部播撒，次年将会结100个葫芦，即意味着百子，依此类比，"子子孙孙无穷尽也"。

葡萄果实堆叠厚密又多籽，故有多子之喻。在这里主人强化了繁衍求嗣的功能，隐喻多子多孙。

无论是"榴开百子"还是"瓜瓞绵长"，都表达了帅府主人希望子孙昌茂，繁衍不息的美好愿望。事实上，张作霖育有八男六女，可谓完成了多子多女的夙愿。

⊙石雕——榴开百子

⊙石雕——瓜瓞绵长

⊙葡萄纹砖雕

传统文化的浸润
文化帅府

中国传统文化以"修身、齐家、治国、平天下"为人生追求的最高境界，在帅府这个庞大的建筑群内，我们随处都能感受到张氏父子对中国传统文化的重视和喜爱。精美绝伦、应接不暇的砖雕、木雕、石雕、彩绘，让我们感受到中国传统文化带着泥土的芳香，渗透到帅府建筑里，浸润在帅府主人的心里。当你到帅府亲眼看一看，你会走进张氏父子的内心世界，你会由衷地感慨中国传统文化对张氏父子尤其是张作霖的影响之深。

博取功名　出人头地

　　追求功名一直是中国传统儒家文化中尤为突出的人生理想和追求目标。人们追求现世功业，努力博取功名富贵，期盼出人头地、升官发财，这既有名垂万代的雄心，也有光宗耀祖的向往。

　　张作霖虽然读书不多，但骨子里对功名的追求却异常强烈。张作霖在营建自己府宅的时候，刻意装饰了追求功名寓意的图案，不论是直白的"功名富贵图""马上封侯"，还是"位列三台""二甲传胪""喜报三元"的典故，抑或是寓意升官有道的"僧道图"、连连升官的"莲升及第"，都强烈地表达出张作霖求官谋福的愿望。

⊙石雕——莲升及第

⊙石雕——马上封侯

⊙木雕——封侯挂印

在明清时代的科举制度中，每隔三年，即子、卯、午、酉年，各省省城都要举行乡试。考试分三场，考中者称"举人"。乡试的次年，即丑、辰、未、戌年，举行会试。会试在京师，由礼部主持，应试者为举人，亦分三场，三场试毕，考中者称"贡生"。会试后一个月举行殿试，由朝臣进士出身者为读卷官，拟定名单呈皇帝核定，应试者为贡生。录取者分三甲：一甲限三名，第一名称状元，授修撰，二、三名称榜眼、探花，授编修。二甲第一名称传胪。张作霖受中国传统文化的影响，流露出希望子孙功名富贵之意。但他对儿女的要求适度，不一定要达到一甲"状元及第"或榜眼、探花，达到二甲的第一名就可以了。

⊙石雕——二甲传胪

三台，汉代对尚书、御史、谒者的总称。尚书为中台，御史为宪台，谒者为外台，合称"三台"，后称三公。周代三公有两说。一说，司马、司徒、司空；一说，太师、太傅、太保。西汉时丞相、太尉、御史大夫合称三公。东汉时太尉、司徒、司空合称三公，为共同负责军政的最高长官。唐宋仍沿此称，已无实际职务。明清以太师、太傅、太保为三公，只用作大臣的最高荣衔。位列三台指官居上述三者之一，当然职位也是极高的。采用这两个成语应该说是张作霖对他的诸多儿子有强烈的读书取仕意愿。

⊙石雕——位列三台

古代科举制度的乡试、会试、殿试，其第一名分别任解元、会元、状元，合称"三元"。"元"，有"首""头""第一"之意。"三元"，就是科举时代的乡试、会试、殿试的三个第一名。科举考试的"解元"于头年秋季在地方省城决出，"会元"于次年春季在京都礼部决出，"状元"于次年四月在宫殿决出。一名士子如果在这半年多连续举行的三场科举考试中都取得了第一，就是"连中三元"。而将这种科举考试的最高境界、最大喜讯连续报告给同一名士子，即为"喜报三元"。

⊙石雕——喜报三元

五世同堂　家族隆昌

　　子孙满堂，四世、五世同堂是传统中国人的家族理想，是历来为人们所崇尚的家庭模式。家，在饱受儒家文化熏陶的中国人心目中，有着非比寻常的亲和力与凝聚力：身为父母盼望儿孙满堂，享受四世甚至五世同堂的天伦之乐，其乐融融；作为子女，自古以来，以德为上，以孝为先，提倡"父母在，不远游"。

　　帅府四合院二进院正房槛墙下有两幅相呼应的大型主题石雕——"四时吉庆福稔稔""五世同堂寿绵绵"。张作霖家世贫寒，对"朱门""望族"有一种极强的渴望。

　　他一生娶有6位夫人，育有14个子女，是个大家族，他期盼自他始，张家家族兴旺，五世同堂，夫妻和睦，家宅安康。

　　《林黛玉进贾府》壁画中，贾母居中，媳妇、孙子、孙女围绕左右，一派祥和，而这样的氛围也正是帅府主人所期盼和追求的。张作霖出生在贫寒之家，儿时为生计卖过包子、挑过货担，学过木匠，参加过甲午战争，也曾入过绿林，还曾大漠剿匪，尝遍了生活的五味，他渴望家庭的温暖，期望儿孙绕膝、子孙满堂的大家庭生活气氛。

⊙石雕——四时吉庆福稔稔

⊙石雕——五世同堂寿绵绵

坚守气节　维护尊严

"忠孝节义"是儒家思想中最重要的伦理准则。在儒家思想中，民族、国家的尊严和荣辱，个人的人格、信念和操守被看得高于一切。张作霖虽不是儒者，但儒家思想对他的影响是很深的。

"苏武牧羊"是中国典型的爱国故事，它流传两千多年，熏陶和感染了无数的中华儿女为国奋起、为国捐躯。张作霖如此重视这个典故，将其置于三进院内宅，目的就是让自己和他的子女能够经常看到它，受其熏陶，培育爱国情怀。纵观张作霖的一生，我们还找不出张作霖投靠日本、出卖国家主权的事。透过人们的口口相传，我们知道的更多的是张作霖如何和日本人斗智斗勇的故事。拂开历史的尘埃，他主政东北期间，日本想要得到的利益始终无法得到，甚至在许多方面得到抑制。也正因为如此，张作霖才遭到日本人的暗算。他自己也常说："我不能做让子孙抬不起头来的事情。"

翻开历史，在九一八事变和伪满洲国期间，张作霖的众多子女中，没有一个变成汉奸，即使是他二哥张作孚的儿子张学成变成汉奸，张学良也能做到大义灭亲，命令手下将其击毙。张作霖的四子张学思走上了革命道路成为中华人民共和国海军参谋长，这固然与张学思个人努力密切相关，但也不能不归功于张作霖之所言、所行、所居。因此我们有理由断定这幅"海上牧羝夸苏武"石雕最能反映张作霖的爱国情怀。

⊙石雕——海上牧羝夸苏武

⊙彩绘——梅兰竹菊"四君子"

⊙石雕——君子之风

⊙石雕——一片冰心在玉壶

⊙石雕——竹报平安

注重修为　提升修养

　　儒家传统思想中提倡注重自身修养，与身边人建立和谐关系等修身养性和处世做人的哲学道理，形成独特的美学精神和审美兴趣。表现在建筑上，常常以自然物（山、水、松、竹等）的某些特点使人联想起人的道德属性，借为人的道德品格、情操的象征，来表达心境。人们常常将岁寒三友——松、竹、梅的自然属性比喻人的品格，以此象征着君子的高尚情操；以四君子——梅、兰、竹、菊来暗喻自己清高拔俗的情趣；以玉来表达自己的冰清玉洁、光明磊落……博大的中华文化，使得一花一草、一石一木都成为中国人感物喻志的对象，这在帅府院内体现得非常丰富，让我们感受到中国传统文化对张作霖的思想和灵魂的穿透力，体味张作霖乱世中的处世哲学。

阿姨天上舞霓裳，姊妹庭前剪雪霜。

要与牡丹为近侍，铅华不御学梅妆。

此诗为宋代邵雍的"芍药四首"诗其中一首。梅花不畏寒冷，独步早春，故象征人们的刚毅精神和崇高品质。王安石《梅花》诗云："墙角数枝梅，凌寒独自开。遥知不是雪，为有暗香来。"这也道出了梅的气节。

⊙石雕——要与牡丹为近侍，
　　　　铅华不御学梅妆。

兰花，古人用以喻君子和有道德的王者。兰生于幽谷、疏石败叶之中，银根盘错，铁线常青，不与桃李争艳，不因霜雪变色，幽香清远，发乎自然，无矫揉造作之态，无趋势求媚之容，被称为"第一香""国香""兰在幽林亦自芳"。

南宋画家郑思肖，自打黄河以北的土地被番邦占了去，他笔下的兰花就不再有根。当有人问他时，他总会泪流满面地说："土地已被番邦占了去，让我的兰花在哪里扎根呢？"郑思肖借花以明志，表达失去故土的哀怨。

⊙石雕——援琴鼓操作倚薖，
　　　　香生九畹幽谷岩。
　　　　募形可羡郑南老，
　　　　我仿先生几数年。

季秋霜重雁声哀，冷绽东篱称雅怀。

满城风雨重阳近，一种幽香小圃栽。

不是渊明偏爱此，也只为此花开后少花开。

到夜来几枝疏影横窗上，恍疑是环佩魂归月下来。

其出处为《露泪缘》。《露泪缘》是清代子弟书作家韩小窗创作的子弟书作品。子弟书也叫清音子弟书，是清代的一种曲艺形式，曾盛行于北京、沈阳等地。

周敦颐在《爱莲说》中写道："菊，花之隐逸者也。"菊花不以娇艳的姿色取媚于时，而是以素雅坚贞的品性见美于人，被称为"花中隐士"。陶渊明隐居一方，常以菊花为伴，他对菊花有着特殊的感情，因此也有了"采菊东篱下，悠然见南山"的悠闲与惬意。陶渊明被冠以"隐逸之宗"，与"花之隐逸者菊花的品性"交融为一。因此，菊花有"陶菊"之雅称，"陶菊"象征着陶渊明不为五斗米折腰的傲岸骨气。

⊙石雕——隐逸之称晚香才，
　　　　黄花映日小圃栽。
　　　　不是渊明偏爱此，
　　　　此花开后少花开。

个性情趣的表达
个性帅府

俄国作家果戈里说过，"当所有的诗歌、音乐都已经沉默的时候，建筑却在说话。"大帅府，历尽百年沧桑，诉说着它和主人的故事。

张作霖出身草莽，却能在中国社会风云际会之时叱咤中国政坛长达17年之久，书写了一部从草莽英雄到大元帅的传奇佳话。能够创造这样的传奇，可以说张作霖既具有齐家治国平天下的雄心，又具有政治家的超凡能力，同时又融汇了独特的人格魅力，使野心、能力、性格交织在一起。徜徉帅府内，你会走进张氏父子的内心世界，由衷地感慨中国传统文化对张作霖影响之深，西方文明对张学良浸染之浓。细细品味这些精美的建筑和建筑上的纹饰图案，深入探求张家人的生活方式和精神世界，对于今天的人们而言，会更好地了解他们，了解那个时代人们的所思所想、所作所为以及帅府主人们的精神世界。

雄心与抱负

帅府正门上方有一匾额——"治国护民"，封建军人通常标榜的是"保境安民"，但区区一个中将师长却不说"保境"而志在"治国"！张作霖把一腔远大的政治抱负都筑在了自己的家中。而这"治国护民"还只是一个封面，二进院的石雕才是内文。

帅府二进院有两幅主题石雕相互对应，一为"太少英狮噬各果"，一为"雄狮举掌握寰球"。"果"者，国也！本"师"志在吃各国，握寰球！建筑四合院之时，张作霖还是中将师长，就敢预言入主中原，吞并各路军阀，攫取中央政权，不能不说是一个十分大胆的愿景，也表示了张作霖的雄心所在。

"外国进金钱，花香在中原"，创作者的用意显然不在颂扬金钱草而在于取其谐音。石雕创作于1915年，张作霖刚当上二十七师师长两年多，经过两三年的时间，张作霖便使自己迅速地由中将师长一步步晋升为奉天督军兼省长、东三省巡阅使，成为民国时代强势如天的"东北王"。

⊙石雕——太少英狮噬各果

⊙石雕——外国进金钱，
花香在中原。

⊙张作霖手书匾额特写

在帅府花园假山石洞上朝南朝北两个方向分别镶嵌着张作霖亲书的"天理人心""慎行"两个石制匾额，"天理人心"就是行天理、顺民心；"慎行"就是做事要谨慎。提示自己为天下人做事的原则和警示自己的行为。张作霖读书不多，只读过六个月的私塾，但他将自己书写的匾额镶嵌在府宅中，就显得尤为特别和有趣，也反映出张作霖是一个不怕别人笑话他、诟病他，是个充满自信、敢想敢干之人。

四合院众多石雕上，经常可以看到如"袁翰西作""辽阳·另丛作""铁邑·水西造""铁邑·水西武氏""辽中双亭·陈氏""辽阳张纪五作""东邑·焕章""双亭句·襄平·云漳造"等名款，有十七人之多，这些工匠大多来自沈阳周边的辽中、辽阳、铁岭等地。风雨沧桑，数十载过去，武小芳、袁翰西、袁云漳、蔡尊一、郭晏林、张纪五……没一个是名载青史的人物，而他们却跨越岁月烟尘，至今仍依稀可见。我们很难在其他地方看到石雕作品有名款，在帅府的这些石雕作品中镌刻作者名款，显然是经过张作霖允许的，它体现了主人对匠人创作的尊重，在那个时代，张作霖的做法实在是难能可贵的。

⊙石雕上的作者名款

⊙张作霖手书匾额

心胸坦荡

张作霖从来都不是一个中规中矩的人，他经常违反"游戏规则"，不按套路出牌，他总能做出出人意料的事情，而这都源于他豪爽而率真的性格，或许只有这样，才是张作霖的真本色，这样的张作霖才是真实的张作霖。1916年6月28日，时任盛武将军兼奉天巡按使的张作霖与帮办军务冯德麟一起发布了关于施政方针的告示。张作霖就像唠家常一样，用洋洋洒洒的三千字大白话将他在治理匪患、理财、整顿吏治、改良社会风气等方面的想法娓娓道来。这样别出心裁的白话文告示，在那个官样文章做得中规中矩的时代，或许只有张作霖能做得出来。

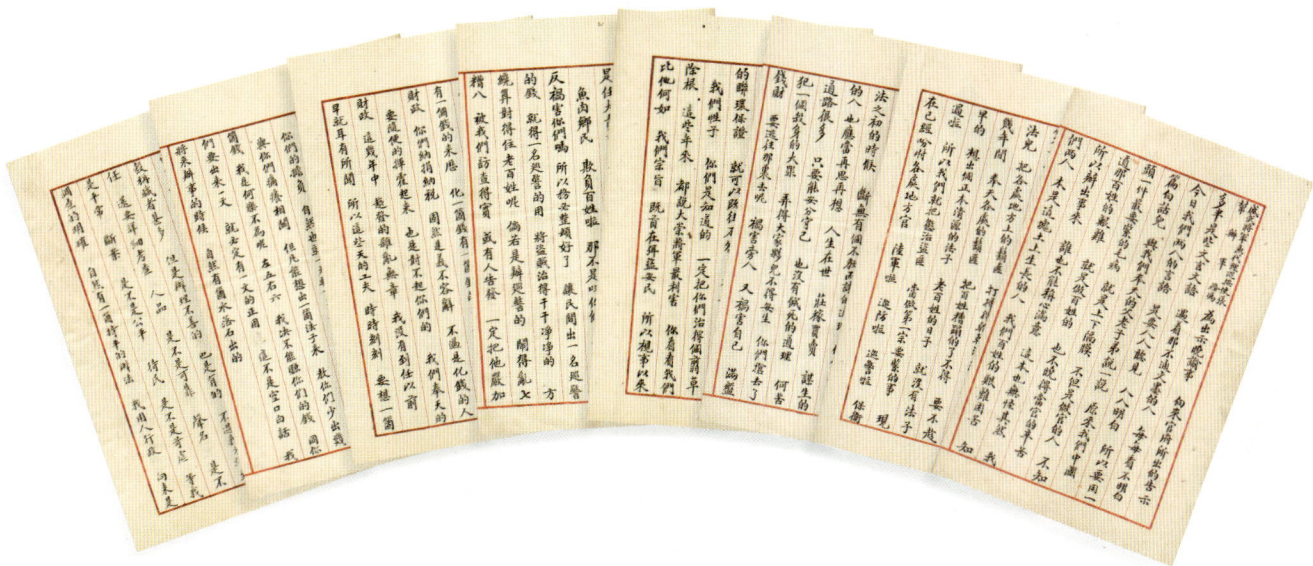

⊙张作霖发布的白话文告示（局部）

"堂下易牛笑齐宣"，典故出自《孟子·梁惠王上》，它昭示了齐宣王假慈悲、掩耳盗铃的内心世界。张作霖用"堂下易牛笑齐宣"典故提醒自己和家人，做人不可以学齐宣王那样，假仁假意、假慈悲，要做一个堂堂正正的人。

张作霖是个心胸坦荡的人，对属下往往直抒胸臆，对朋友能做到真诚面对，对敌手有时也能慈悲为怀。张勋复辟的时候，有人认为他也是个复辟者，就向他投掷炸弹要炸死他。刺客被捕之后，张作霖问刺客："你为什么要刺杀我？"刺客说："你要复辟。"张作霖坦然地说："我不是个复辟者，我今天放了你，日后我要是复辟，你可以再来刺杀我。"

⊙石雕——堂下易牛笑齐宣

钟情于马

　　传统民俗中，马象征义气千秋，张作霖对马情有独钟。他戎马一生，"马上得天下"，对马有一种特殊的偏爱。张作霖爱马成癖，这与他的生活经历有着密切的关系。他少年时放过马，长大以后做过兽医，医过马，尤其是他冒险以性命担保，治好盛京将军依克唐阿的爱马而救出他的二哥张作孚的经历，使他对马有一种特殊的情感，投军后和办"保险队"都靠骑马闯江湖。可以说，他离不开马，故在他办公和生活的院内，骏马题材的作品是他最钟爱的。有关马的装饰主要分布在四合院，在三进四合院八处石雕画中，一共有24匹马，加上砖雕和木雕的15处44匹马（不包括大青楼以马为内容的三幅壁画），总计68匹马，由此可见，张作霖对骏马的喜爱程度。

⊙彩绘——马

⊙木雕——四骏图

⊙石雕——春风得意

家乡情结

　　徜徉帅府，你会在不经意间发现，东北农村最盛产的萝卜、白菜、茄子、辣椒、高粱、谷穗及辽南张作霖老家盛产的芦苇、河蟹等，作为装饰题材，被雕刻在石材、砖瓦和木头上，镶嵌在帅府的建筑上，非常新颖。这些图案，饱含浓郁的乡土文化气息，反映出府宅主人张作霖浓浓的家乡情结。

⊙石雕——萝卜、白菜、谷穗

⊙木雕——萝卜、白菜

⊙木雕——河蟹、芦苇

千古英雄第一人

信仰

尊神崇圣　人神共处

【信仰与习俗】

建筑表述了文字语言无法企及的文化内涵，它是人类实物文化的重要组成部分，是情感和社会习俗的承载物，囊括了中国传统文化的方方面面。在帅府的建筑里，我们能感受到张作霖和张氏家族的生活方式和精神状态，体会到张氏父子二人不同的精神信仰，张作霖崇信关羽与财神，而张学良是先人崇拜，张家的女眷则痴迷于土仙。同时，民国时期的东北习俗在帅府也有明显的反映，甚至还很突出。

关公信仰与祖先崇拜

尊崇关公是中国民俗文化的重要组成部分。张作霖信奉关公，他把关公作为自己的精神寄托，把关公的忠孝仁义作为自己的终身信仰。为了表示对关公的崇拜与虔诚，张作霖在营建帅府的时候就特意在东北角修建了关帝庙，四季供奉香火，成为帅府的一方圣地。在府宅之内建造关帝庙，据考证是全国独一处，这也是张作霖超于常人的尚武忠义思想的一种体现。

张作霖起于绿林，崇尚忠义，早年的漂泊和生活动荡，一次次的征战和人生际遇，使他在祭拜关公的过程中，总能感觉到关公对他的眷顾，所以在他有重大军事行动之前，祭拜关公时都非常虔诚地说："关老爷，求您保佑我张作霖，您看我还行，您就保我这次行动成功，让我再为老百姓做点事儿；您看我不行，您就招我去伺候您。"

祭拜时的语气让人动容。

张作霖不仅独树一帜地在自己的宅院中建造关帝庙以供祭拜，还将关公的雕像置于自己的办公室内。更为重要的，张作霖用关公的忠孝仁义来维系奉系团体，他效仿关公桃园三结义，换兰谱，拜天地，结交了各路豪杰，许多拜把兄弟成为他一生的朋友。孙烈臣、张作相、吴俊升等都是死心塌地地追随他，至死不渝，张作相即使是在张作霖死后仍然忠于他，主动帮助张学良完成子承父业。还有杨宇霆、汤玉麟、张景惠等曾与他有过离心想法甚至是背叛行为，张作霖仍用忠孝节义团结他们。在张作霖与人相处和与人交往中，忠义思想是他的核心，也是他凝聚人心的重要手段。

张氏父子两代的精神信仰完全不同，张作霖崇尚关公，而张学良更倾向于祖先崇拜。祖先崇拜，也称为敬祖，其最根本的观念是灵魂不死，认为人死后，肉体虽然没有了，但他的灵魂却永远陪伴着活着的亲人并保佑亲人平安富贵。张学良对于父亲十分敬仰，他评价张作霖是"有雄才"的人物。张作霖去世之后，本来在黑山有张氏家庙，供奉着张氏家族的历代祖先，但张学良偏偏在大帅府的关帝庙中供奉一尊张作霖的泥塑塑像，其根本原因就是张学良对张作霖满怀崇敬情怀，这是敬祖情结的集中体现。

女眷祭拜狐仙堂

狐仙信仰在那个时代是一种比较普遍的民间信仰形态，农村的女子尤其相信狐仙。张作霖的几位夫人除了五夫人寿懿读过奉天正规的中学以外，其他的几位夫人基本上文化不多，所以大帅府里的女眷们也未能免俗。张作霖在建造大帅府时，特意在帅府的北部、紧挨着院墙建了狐仙堂，以供女眷们祭拜狐仙——胡三太奶和胡三太爷。

张家女眷信仰的狐仙胡三太奶、胡三太爷，系东北神仙中之仙长，在众仙家中，道行最深。他们仁厚慈善，体察人间善恶，悉知百姓祸福，能够解忧灭难、化险为夷、仗义疏财、有求必应，以保护

家宅平安。

在民间，胡三太奶、胡三太爷就是保家仙，相当于护法神，他们都默默地保护信其者。与大堂仙不同，他们不直接给人看病。每年正月初八，传说是胡三太爷的生日。这一天，张作霖的夫人们都要到狐仙堂摆上供品，放上香纸，嘴中念念有词，祈求胡三太爷和胡三太奶保佑张家子孙平安，家宅旺盛。

帅府建狐仙堂还有一段历史故事。那时东北的冬天，家家都是闷烧取暖。闷烧就是将炉火用和水的湿煤封住，等到再烧水做饭的时候，捅开上面的湿煤就可以了。据张作霖的五夫人寿懿回忆，那时帅

府刚刚建成不久，冬季的某一天，五夫人将炉子闷烧之后就出去逛院子，看到一个白发白胡子老先生提个水桶往帅府跑，她不认识那个人，就叫卫兵去看一下怎么回事，结果发现里面着火了，于是就赶快叫人救火。最后查证没有人认识这个老先生，火扑灭了之后老先生就不见了。大家都说这是狐仙，是狐仙救了我们老家，不然老家也烧了。于是五夫人就央求大帅修建个狐仙堂，帅府狐仙堂就这样建起来了。

门神护院

门神是道教和民间共同信仰的守卫门户的神灵，用以驱邪避鬼，卫家宅，保平安，助功利，降吉祥等，是民间最受人们欢迎的保护神之一。大唐开国元勋秦琼、尉迟恭两位将军属于武将门神，也是民间流传最广的一对门神，在传世的门神画里，两人的形象为数最多，可谓享誉全国，家喻户晓，堪称天下第一门神。

帅府的护院门神就是秦琼和尉迟恭。在三进四合院正门黑漆大门扇上，赫然绘制着彩色秦琼、尉迟恭两位门神，相对于屋主，左为秦琼，右为尉迟恭。其穿着打扮继承和迎合了中国戏剧人物舞台扮相的传统样貌。秦琼红脸、凤眼英目、长须剑眉，而尉迟恭为青脸、环眼暴目、虬须浓眉。两位门神"全副金镀铜甲装"，顶盔掼甲，束带皂靴，外披袍带，佩弓挂袋，双手执金瓜（古代兵器，即立瓜锤，锤头如瓜形立于杆端），着色五彩斑斓，胄甲、金瓜皆沥粉贴金。两位门神凸出轮廓线条，高大威猛，威风凛凛，护佑着帅府的一方平安。

张作霖将秦琼、尉迟恭两位门神绘制在自己家的大门上而不是短期张贴在门上，这是张作霖的刻意所为，以示门神天天护佑帅府平安。这表明张作霖对门神的敬仰和崇信，也是张作霖内心对府邸平安的一种精神寄托。

门神绘在大帅府四合院大门上，这明显反映出大帅府作为家宅的属性，强化了大帅府作为居住的场所，应该说张作霖当时还仅仅是一个师长时建造的这座四合院，更多考虑的是家宅的使用。随着四合院的建设完工，张作霖已是奉天督军兼省长。他不同于民国时期的某些达官贵人，他甚至与一些督军和将军也不一样。比如赵尔巽、张锡銮、段芝贵等人，他们手中掌握的是政府的军队，而张作霖手中的军队是以他绿林起家的老班底为核心的私家军队，虽然也属于政府军队系列，但他的奉系军队完全掌握在自己的手中，任何外部的势力取代不了他的地位。正是这种民国时期特有的军阀属性，大帅府的私宅有了明显的官府功能。

祭灶神习俗

旧时，家家灶间都设有"灶王爷"神位，每年腊月二十三日都有一个祭灶神的特殊习俗。灶王爷是主一家吉凶祸福之神，每户人家一年中所行善恶都由灶王爷记账，至腊月二十三做"年终决算"，然后向玉皇大帝汇报。玉皇大帝根据灶王爷的汇报，使做善事多的人家在翌年多获吉利，做恶事多的人家受到灾祸惩罚。当时流传着这样的民谣："灶王爷，本姓张，骑着马，挎着枪。上上方，见玉皇，好话多说，孬话少讲，回来多带五谷杂粮。"

张家作为东北第一大户对祭灶这一传统风俗相当重视。每年腊月二十三这天黄昏，张作霖会带领全家所有男人来到帅府厨房，他表情严肃、一丝不苟地虔诚祭拜灶王爷，以求来年丰衣足食。张家祭灶活动只限于男人，女人必须远离，即所谓"男不拜月，女不祭灶"。

张家将灶神画像贴在厨灶上方，在灶神两侧贴对联一副，上联是"上天言好事"，下联是"下界降吉祥"。神像下摆供馒头、纸制元宝等，充作灶王爷上天之用。在这些供品中，"灶糖"是必不可少的。灶糖是用大麦和玉米面等制成的脆管糖，这种糖酥脆香甜粘牙，据说灶王爷只要吃上一口，就会把嘴粘住，想说坏话也说不出来。

祭灶首先点上红烛，然后在院子里燃放鞭炮，之后张作霖率领众人拜灶王爷，祭拜之后将灶王爷像焚化，意为灶王爷升天。

除夕之夜，张作霖要焚香秉烛"迎请"，把灶王爷从天上接回来，俗称"接灶"，将新灶王爷像恭恭敬敬贴在老地方。随后关闭厨房门，意味"封门大吉"，在红纸上写"封门大吉"四个字贴在厨房门上，次日清晨换"开门大吉"四字红纸，意味迎来新的一年。祭灶神成为张家过年的一项非常重要的内容。

⊙帅府护院门神

历
史

豪门深宅 诗情画意

旧梦如烟云

【帅府往事回味】

岁月流失，永不停歇，时光寂静而深长。

　　岁月流失，永不停歇，时光寂静而深长。斯人纷纷，潮来潮去，往事已随风而散。唯有这昔日豪奢的庭院，依然矗立在滚滚红尘之中，留下种种迹象供人怀想，让人凭吊。徜徉于大帅府内，回望风起云涌、人杰辈出的中国近现代史，张氏父子叱咤风云，同显共荣；于凤至、赵一荻一往情深，异彩逼人；帅府内外高墙壁垒，显赫一时；大、小青楼惊心动魄，刀光血影……这在中国近百年来的历史上，都是绝无仅有的。

　　作为民国时期东北的政治、军事中心，大帅府内每一栋建筑，每一个角落，都存留着生动的历史瞬间，深藏了无尽的秘闻趣事；每一处景观的设置，每一个房间的装饰，都彰显了张氏父子的人生情怀和内心世界，见证了张氏家族的生活状态和真情实感。在这里生活和工作过的张氏家族成员和奉天历史人物都深深地印刻着民国时代的痕迹，透过帅府原有的居住环境与室内的装饰陈设，我们似乎可以感受到历史的脉动，人物的呼吸。

张氏早期的办公与居住地

四合院

1918年5月9日，张作霖举家搬入大帅府。此时的张作霖已荣登奉天督军兼省长之高位，他不仅将黑龙江牢牢地掌握在自己手中，且虎视眈眈地盯着吉林。当时，总体规划、分期修建的大帅府仅完成了中院四合院和东院小青楼，帅府花园和大青楼仍在建设当中。张作霖将一、二进院作为自己的办公场所，把三进院和小青楼作为内眷的居住地。这时的"帅府"已经具备了官署和私宅的双重属性。

在这里，张作霖运筹帷幄，兼并吉林，"君临"东三省，气吞万里如虎；在这里，张作霖纵横捭阖，助直倒皖，进关争天下，笑看谁与争锋……还有王永江、张作相、吴俊升、孙烈臣、汤玉麟、杨宇霆等显赫一时的奉系历史人物和生活在这里的张氏家眷，都留下了他们的足迹。这雕梁画栋的宅院，见证了当年张作霖宫闱权谋的变幻莫测和金戈铁马的狼烟烽火，也见证了昔日大帅府内往来穿梭的历史人物和他们的喜怒哀乐、恩怨情仇。

内账房是帅府的财务会计部门，它负责帅府账目开支，专为张氏父子和帅府家人服务。帅府内账房位于一进院东厢房，使用面积59平方米，中间为明厅，南屋为账房办公室，北屋为主事办公室。其主要职能是：建立登记总清账目、钱币总账目、各类收支总账目、各类贵重物品总账目；编制年度财务报表，计算年度盈亏及审查分析年度财务状况等。内账房办公人员由主事先生、九式先生、钱房先生和管饰先生组成。

帅府内账房的第一任主事先生是栾贵田。他负责内账房全面业务，如收取帅府独资开办的商号红利，向张作霖提供其所有资产的财务数据等。九式先生负责九式业务：一式为府内餐饮与服装费用，二式为府内对外交往费用，三式为营建工程费用，四式为馈赠宾客费用，五式为勋赏赐予费用，六式为祭奠祖先与敬奉鬼神费用，七式为赈济灾民费用，八式为婚丧之事费用，九式为养马用谷费用。钱房先生是内账房的出纳，负责钱币的出纳、保管以及府内夫人、儿女、上差、用人等的月薪发放。管饰先生负责保管帅府的珠宝、金银首饰、名人字画、古玩珍品等贵重稀有之物。

⊙内账房九式先生蜡像

张作霖一生娶了6位夫人，生有14个子女。在这样的大家庭中，难免有家长里短、争宠吃醋的事情发生。作为一家之主，张作霖深知家庭和睦有序在自己政治生涯中的重要性。为了免于家庭纷争而搅得自己心神不宁，张作霖坚持以"治家严，家乃和"为治家之本。他汲取古人治家的经验教训，制定了十条家规，规范夫人，约束子女。在他制定的十条家规中，第六条就是

"实行严格的薪俸制，各夫人每月按时支取"。每月各房夫人都派贴身丫鬟到内账房领取月薪，不允许超支、透支。这种严格的规章制度杜绝了分配不公的现象，避免了矛盾与争执的产生，维护了良好的家庭秩序。

在帅府内账房的北屋，主事先生坐在办公桌前正在算账；南屋内，九式先生坐在办公室西侧处理业务；钱房先生为前来领取夫人月薪的用人支钱。这是当年大帅府内账房里每月都会发生的一个真实的生活片段，它生动地再现了帅府当年家政生活的一个侧面。帅府内账房各项工作的高效开展，为张氏家族庞大经济系统的有序运行提供了良好的保障，也解除了张作霖既要忙于处理军政事务，还要治家理财的后顾之忧。

⊙钱房先生为前来领取夫人月薪的用人支钱

·张作霖知恩图报

栾贵田是帅府内账房的第一任主事先生。他的岳父杨景镇是张作霖的启蒙老师。知恩图报的张作霖安排栾贵田到自己在营口大高坎镇的"三畲堂"粮号学习经商。栾贵田没有辜负张作霖的栽培与考验，将"三畲堂"混乱的账目管理得井井有条，因而深得张之信任，并调他担任奉天督军署军需官。任职期间，张作霖发觉栾贵田精于理财，为人忠厚老实，可以信赖，随即钦点栾贵田就职帅府的财务总管（处长）。栾贵田对张氏父子忠心耿耿，洁身自好，在理财上从不贪占徇私，也不准下属营私舞弊。他亲自撰写了《内账房办事职守》，粘贴在内账房办公室墙壁的醒目位置，自己带头严格遵守。

⊙内账房主事先生栾贵田蜡像

帅府承启处

承启处是专门负责登记、接待、禀报、引见前来帅府公干或拜访张氏父子文武官员的办事机构，它位于一进院西厢房，使用面积59平方米，南屋为承启处处长办公室，北屋为承启处接待室。凡是要觐见张氏父子的访客，一般都要由传达室把名片送到承启处，承启处的录事官负责登记，然后由承启处处长报请张氏父子批示。得到批准后，根据身份由文武承启官分别引领进见张氏父子。承启处由处长、承启官、录事官等组成，处长一般由张氏父子的副官担任。

⊙承启处处长办公蜡像

承启处处长办公室内，身着戎装的承启处处长正在翻阅文件；接待室内，录事正在打电话汇报访客情况；一位武承启官正欲引领访客去进见主人。这是当年帅府承启处每天都要发生的真实情景，其中的每个人物都有鲜活的历史身份。他们静静地迎送着每个日出日落，向人们述说着帅府职员日常工作的状态和帅府当年森严的等级制度，也向人们展示着大帅府作为张氏父子主政东北时的官邸，其工作运行机制的一个侧面。

⊙承启处接待来访者蜡像

张作霖的办公室和休息室

二进院正房共7间，有门楼和前后廊，是1918年张作霖搬进帅府后的主要办公和会客场所，一直到1922年。

张作霖的办公室位于二进院正房的东次间及次稍间，使用面积为37.88平方米；休息室位于二进院正房东稍间，使用面积17.51平方米。东次间、次稍间和东稍间由西向东依次串联，均从正房门厅进入。

⊙二进院正房是张作霖在帅府内早期的办公区

⊙张作霖办公室与休息室

在办公室的正中间，一个头戴瓜皮帽、身穿绛紫色长袍马褂的清癯长者正襟危坐于红木雕花写字台前，正神情专注地审阅文件。桌上笔、墨、纸、砚一应俱全，还有一座西洋钟。这看起来活脱脱像一个真人的老者，就是张作霖的蜡像。他身后悬挂着张作霖早年在此屋拍摄的一张侧面俯案办公照，这个蜡像就是据此而制作的。

办公室外间隔断上方悬挂着民国老式电话一部，通过它，张作霖可以随时与外部联系；两侧则悬挂着张作霖所书的"书有未曾经我读，事无不可对人言"的七言对联。张作霖将此联挂在办公场所，意在向世人表明他一生做人光明磊落、胸襟坦荡，是个可以与之交心的人。

休息室内东侧靠墙壁摆放的红木罗汉床，是供张作霖办公、读书期间疲倦之时临时休息之用的。床上的红木镶嵌理石面茶几，可以用来摆放烟具。张作霖既抽旱烟，也抽大烟。每当疲乏劳累之时，斜靠在罗汉床上抽几口烟，顿时便会神清气爽。但在晚间，张作霖不住在这里。一般来讲，他和哪位夫人一起用晚餐，就会在哪位夫人的房间休息就寝。

东侧墙壁上悬挂的金志清山水画四条屏，既装饰了单调的墙面，也反映了张作霖的喜好、情趣等。两侧悬挂的"智深须有忍，将勇贵能谋"也是张作霖书写的。将这两句话悬挂在自己的休息室内，张作霖是想时时刻刻提醒自己，要想成就大事，必须要有智慧、能忍耐、有勇气，善谋断。在张作霖一步步的成功之路上，也正是因为拥有了这些品质，他才比较自如地周旋于日、俄之间，保住了东北的一方平安，并使东北近代化有了快速的发展，从而成就了他一生的雄图霸业。

⊙张作霖蜡像

⊙张作霖在办公室之老照片

·张作霖出手相救冯德麟

张作霖和冯德麟是拜把兄弟，两人曾经并驾齐驱，实力相当。1916年，张作霖就任奉天督军兼省长，冯德麟只担任了奉天军务帮办，二人自此展开了激烈的权位争斗。然而，当冯德麟有难时，张作霖却不计前嫌、出手相救，演绎了一段鲜为人知的生动故事。

1917年，冯德麟因进京参与张勋复辟，被"讨逆军"通缉追捕。张作霖立即发去电报，告诉冯"速从陆路沿长城单骑归来，当于适当地点出迎，乘火车归来危险"。谁知，冯不听张的劝告，仍化装坐火车沿京奉路北返，结果被"讨逆军"逮捕了。冯德麟的夫人赵懿仁到奉天求救，在张作霖的斡旋下冯德麟安全出狱，但所有官职和勋位都被褫夺，变成了一个无权无势的人物。张作霖没有对老冤家落井下石，他先任命冯德麟为东三省巡阅使署顾问，不久又进一步向总统徐世昌力荐，让冯德麟做了"三陵承办盛京副督统兼金州副督统"，专司掌管在盛京（沈阳）的福陵（东陵）、昭陵（北陵）及兴京（新宾）的永陵守护工作以及有关地亩管理事项等。

⊙冯德麟

张作霖的议事厅与书房

议事厅是张作霖举行小型会议和会见重要客人的地方，位于二进院正房西次间及次稍间，使用面积48.65平方米；书房位于二进院正房西稍间，使用面积25.86平方米。西次间、次稍间和西稍间由东向西依次串联，均从正房门厅进入。

议事厅内，西侧正中间摆放着两张红木雕花太师椅，南北两侧分列着八张红木靠背扶手椅，每两张椅子中间都有一红木茶几相隔。正是在此房间内，张作霖和他的文臣武将制定了治理东三省的大政方针，讨论了对待日、俄两国的基本原则，商议了兼并吉林的手段步骤，谋划了进关争天下的雄图大略……

议事厅北、南两侧的墙柱上分别悬挂着张作霖手书的"一丸塞函谷，三箭定天山"之包柱对联。该联隐喻了张作霖的雄心和奉军的所向披靡，意境气势恢宏、霸气十足，充分体现了张作霖治国平天下的凌云壮志。张作霖能够从一介浪迹辽河两岸的草莽英雄最终成为中华民国北洋政府的国家元首，与他胸怀壮志豪情是密不可分的。

议事厅与书房之间以南北两扇隔栅门和一架三折的红木镂空雕花屏风为隔断，书房西侧靠墙壁摆放有两组红木书柜，放置着线装书籍。据史料记载，张作霖小时候只读过六个月的私塾，后因家庭遭遇变故只好辍学回家。1902年，张作霖接受清廷招抚后，曾拜新民府副知府陈衍庶为义父，跟随他读书识礼。这一时期，张作霖的文化学识有了很大提高。主政东北之时，张作霖虽然公务繁忙，还是经常利用闲暇时间读一些自己喜欢的书籍。

⊙张作霖议事厅与书房

⊙ "一丸塞函谷，三箭定天山" 墙柱特写

· 坚持重用王永江，与汤玉麟翻脸

在奉系班底中，汤玉麟是最早投靠张作霖的一员骁将，也是张作霖的拜把兄弟之一。在张作霖初掌奉天军政大权之时，兄弟二人却因故反目，差点兵戎相见。

王永江是张作霖最看重的人物之一，素以"警界第一人"和"理财能手"著称。在担任奉天省城警察厅厅长时，王永江秉公执法，触犯了汤玉麟等军人的利益。汤便亲自带头，鼓动张作相等人要求张作霖撤换王永江，结果遭到了张作霖的拒绝和臭骂。后来，奉天军政两界的矛盾发展到了军界要人以集体辞职相要挟的高潮，但张作霖仍坚持重用王永江。

为了给张作霖施加压力，汤玉麟暗中联合冯德麟，企图推翻张的统治。当时，张作霖对汤玉麟极尽挽留，汤却一意孤行。就在张、汤剑拔弩张之时，洮南镇守使吴俊升表示会坚决支持张作霖。另外，段祺瑞也答应派两个师协助张戡乱。面对此情，汤、冯之间的联合最终土崩瓦解，汤玉麟也落荒而逃。

⊙汤玉麟

⊙ 张学良、于凤至的居室

张学良和于凤至成婚于1914年11月25日。张氏家族搬入帅府后，张作霖将张学良夫妇安排在了三进院的西厢房居住。在这里，张学良夫妇度过了四年的时光，先后生了次子张闾玗和三子张闾琪。

张学良和于凤至的居室共有五间，中间为堂屋即明间，南北各有两个暗间，五间屋子的使用面积均为20平方米。其中，北稍间的里外屋是张学良夫妇的卧室、起居室，南稍间的里外屋是张学良夫妇的书房兼孩子们的卧室。张学良和于凤至所生的一女三子都曾在此居住过。

进入张学良和于凤至的居室，映入眼帘的首先是堂屋内一架高大的红木雕花大条案，上面置有青花牡丹缠枝纹天球瓶和红木嵌玻璃插屏等摆件，西侧墙上悬挂着医巫闾山风景画。张学良对家乡名山——医巫闾山有着独特的情感，他根据《尔雅·释地》所载："东方之美者，有医无（巫）闾之珣玗琪焉。"分别给自己的三个儿子取名为张闾珣、张闾玗、张闾琪。

⊙ 青年张学良

⊙ 于凤至女士

⊙ 张学良、于凤至居室之堂屋

　　张学良和于凤至的居室以青砖铺地，火炕取暖，外加木墙裙及落地炕罩做装饰，环境优雅，私密性强。各房间用对开的隔栅门进行空间分割。北稍间作为张学良和于凤至的卧室，室内摆设以满足夫妇二人日常生活需求为主，如红木雕花博古纹大衣柜、梳妆台、首饰盒、穿衣镜、脸盆架、留声机等；南稍间作为张学良和于凤至的书房及孩子们的卧室，有博古书架、红木雕花桌椅、挂钟等。外间摆放的一套镶理石面的圆桌、圆凳，是张学良夫妇和孩子们用餐的地方。张氏家族实行等级分餐制，各房平时都在自己房间内用餐，由专人端送。南稍间的里外间以博古架形式的隔栅门为隔断，上面有瓷器、玉件等艺术品做装饰，表现出了房间主人的文化品位和艺术修养。

⊙张学良、于凤至的长女张闾瑛和长子张闾珣、次子张闾玗

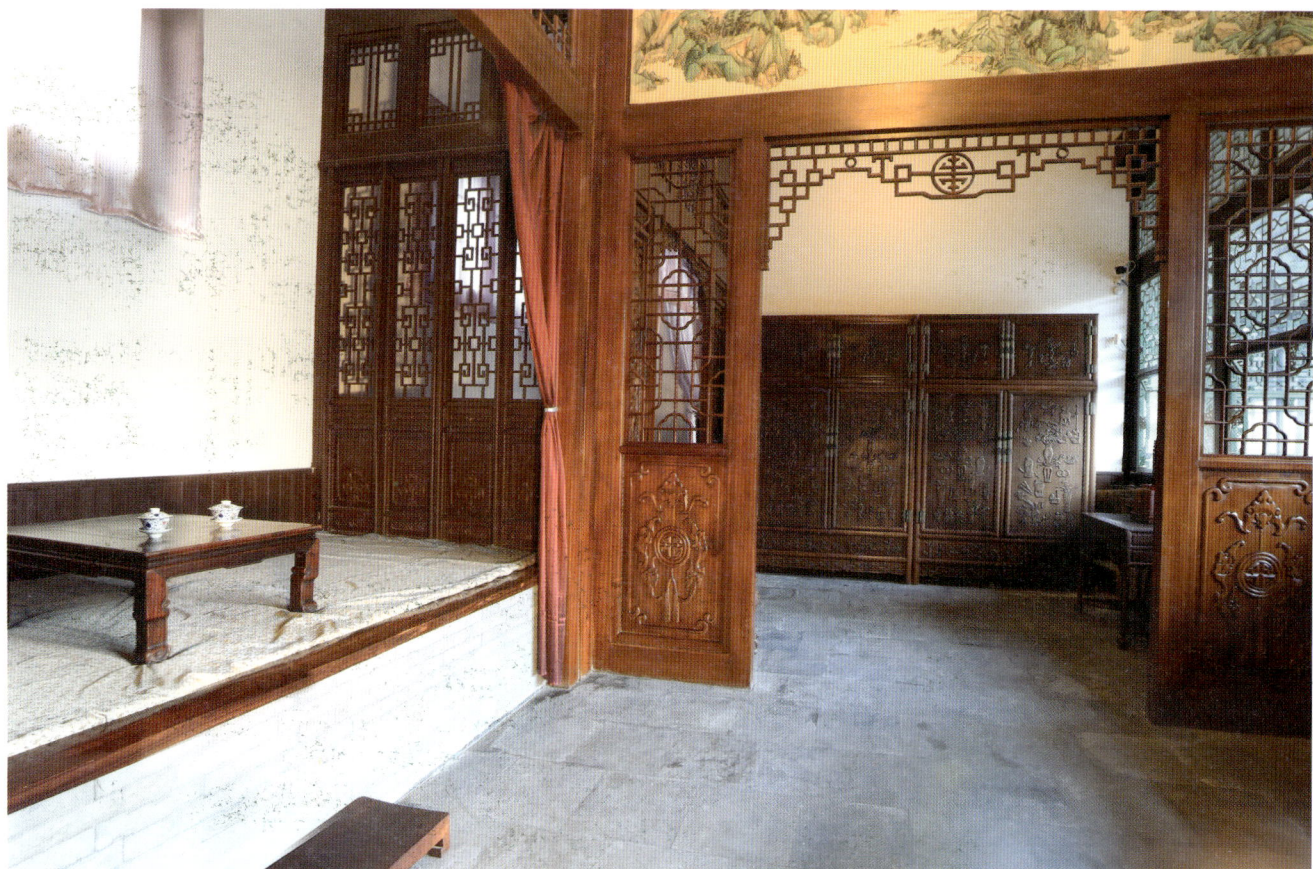

⊙ 张学良、于凤至卧室

⊙ 张学良、于凤至书房兼子女卧室

· 《盛京时报》对张学良婚礼的报道

　　1914年11月26日,《盛京时报》一则题为"张师长为公子完姻"的报道描述了张学良婚礼的盛况,该报道说:"二十七师张师长雨亭之大公子于25号完姻,业至报端。是日,除驻防外城各军官未及晋省道贺得与盛宴外,其在省垣长官若张巡按贞午、张上将军金波、财政厅长史曜五、董季友,张参谋长戊秋,以及沈阳县赵寅生、高等审检厅长梁载熊、沈家彝,祝交涉员梓笙氏等,无不群往祝贺,一时车水马龙来宾如云,颇极其盛云。"

权力

[贰]

父子两代最高权力的象征

大青楼

　　每一位来大帅府参观的游客，都会把目光久久地落到大青楼上，这座帅府内最重要的标志性建筑，是张氏父子统治东北的权力象征。自1922年落成以来，张作霖就将四合院的办公、居住功能移到了大青楼。与四合院相比，大青楼更显得高大气派，充分体现了张氏父子至高无上的权力与气度。

　　在这里，张作霖兴办实业，自建工业体系，使东北民族经济得到蓬勃发展；自建自营铁路，使东北铁路营业里程居全国之冠；重视教育，创办东北大学，公派学生出洋留学，形成了完备的各级各类教育体系……也是在这里，张作霖数次谋划逐鹿中原，第一次直奉战争失败后，宣布东三省独立；整军经武、积蓄力量后，又发动第二次直奉战争，获胜后控制北京政府，最终成为了奉系军阀首领——中华民国陆海军大元帅。

　　张学良在大青楼办公虽然只有三年时间，但他做出的决策和在大青楼内发生的故事足以影响中国近代历史的发展进程。在这里，他筹划东北易帜，完成了国家的统一；枪杀杨、常，树立了自己在东北政权中的绝对权威；武装调停中原大战，避免了国家再次分裂；发出东北新建设的号召，为东三省实现经济近代化做出了重大贡献……也是在这里，还上演了"一块银圆定生死"和"枪毙杨、常，吓死郑谦"等流传甚广的故事。

　　巍巍楼台一瞥历史，款款父子两代传奇。一座大青楼，象征了张氏父子至高无上的权力，承载了影响中国历史走向和进程的若干大事，见证了发生在其间的刀光剑影与惊心动魄的往事，也见证了张氏父子政治生涯的成败与得失。

1922年大青楼建成后，张作霖搬进大青楼内办公，一直到1928年皇姑屯其被炸身亡为止。张作霖将一楼正门左侧的南屋和与之相邻的西屋作为自己的办公室和卧室。这两间屋子中间还夹有一盥洗室。张作霖的办公室、卧室和盥洗室的使用面积分别为37.6平方米、28平方米和14.7平方米。

张作霖的办公室装饰十分考究典雅，充分体现了张作霖的情趣和爱好。房间的门窗、屋顶和四壁，有民国洋楼中非常流行的门窗护套、实木吊顶和实木墙裙；西面墙壁的北侧有一壁炉，兼具取暖的实用功能和美观的装饰功能；东面墙壁和屋门两侧的北墙上有壁龛壁画做装饰。张作霖的办公桌背靠东墙，面朝西向，桌上摆放着一方巨大的砚台，还有官印盒、电话、笔筒等，另有一尊关公持刀骑马铜雕像，既增加了房间内活泼的情趣，也体现了张作霖对关羽的尊崇。办公桌的对面，有一烟缸架和一木质冰箱，盛夏之时，将冰块放入冰箱底部，上面放置点心及时令瓜果，可以起到冰镇和保鲜的作用。办公室的西侧南墙边有两把雕狮嵌理石太师椅和一方红木雕狮茶几，如张作霖在办公期间，恰好有紧急公务的单人来访，张作霖便会在这里接待他。

⊙ 张作霖办公室关公像特写

⊙ 张作霖卧室之西洋钟

⊙ 张作霖办公室一角

张作霖卧室内的装饰相对比较简单，屋内没有实木吊顶和实木墙裙，但北、东、南三面墙上仍有壁龛壁画做装饰。其中东侧是《青山绿水图》，画面色调清新淡雅，观之让人心旷神怡；南侧是《苍鹰松柏图》，画面气势雄伟奔放，观之使人意气奋发；北侧是《芦雁图》，画面意境恬静雅致，观之使人神静气闲。屋内东南角是一张红木雕花床和一个红木广石面双层床头柜，上置西洋钟表一座。这里是供张作霖临时休息的地方。房间的西北角有一复式衣帽架，南侧墙壁上悬挂着张作霖最宠爱的五夫人的照片。在此办公居住时，正是张作霖个人发展的鼎盛期。在这里，他制定了两次直奉大战的战略，做出奉军整军经武和创建东北大学的重大决定，平息了郭松龄反奉事件，成功地稳定了自己的统治。

⊙ 张作霖卧室

⊙ 王永江

·张作霖"钦点"东北大学校长

1922年第一次直奉战争失败后，在整军经武的同时，张作霖把建立东北大学的问题重新提上了议事日程。经过研究讨论，张作霖决定由奉、吉、黑三省联合创办"东北大学"。筹建大学，校长人选是关键。教育厅长谢荫昌与奉天代省长王永江一致认为应该由张作霖担任，但张作霖却提出东北大学的校长一定要有文化才行，于是"钦点"了代省长王永江。对此，王永江推辞道："此一职务，非大帅莫属。"并说："大学校长乃无冕皇帝，世界各国的大总统、国务总理常有兼任的。今选三省之英俊，躬自陶铸，不出数年而人才辈出，可助公施展雄才大略，即使百年之后，公骨虽寒而精神犹在！"张作霖听了王永江一番文绉绉的话，却仍旧坚持说千古留名的事情不止这一件，王永江是文人，又是财政厅长，干这个正合适！就这样，王永江担任了东北大学的第一任校长。

宴会厅是张作霖、张学良父子在帅府宴请重要客人的场所,设在大青楼一楼北侧正中间,使用面积72.9平方米,南墙上有一东一西两门出入。

宴会厅是帅府之内装饰最豪华的地方,屋内陈设的太师椅、圆桌、靠背椅、茶几、条桌、花架等,全都是雕刻精致考究的红木家具,上面摆放的青花茶具、西洋式座钟、描金食盒等,无一不反映出主人的喜好与品位。墙壁四周是由进口花瓷砖铺设的墙裙,西面墙壁北侧的壁炉,为宴会厅增加了几分西洋文化的情调。东面墙壁和两门之间南墙上有壁龛壁画做装饰,为宴会厅增加了强烈的喜庆气氛。绘有仙鹤衔灵芝图案的井口天花和东西两盏大型吊灯将整个屋子装点得富丽堂皇,流光溢彩。北侧隔断式的木枋和红木镂空雕花四折屏风,做工考究,雕刻精美,与边上饰有流苏的绒布挂帘搭配使用,相映成趣,美轮美奂。

平时,张家人吃饭都在各自的房间内进行,只有过年过节或者是举办寿筵等重要活动时才在这里用餐。张作霖个人日常饮食习惯比较独特,高粱米饭、玉米糁子粥、炖酸菜、炒茧蛹等都是他最爱吃的。张作霖的次子张学铭回忆说:"有一次喝高粱粥,大哥学良不爱喝,让老将打了一筷子,还斥责说'妈了个巴子,当年你老辈若能喝上一碗高粱米粥,能饿死吗?'从此以后,我们吃饭都不敢挑食了。"张学良晚年也回忆说:"我父亲在的时候,我们不敢吃好的,叫他看见了就打。平常吃饭,厨房里就开四个菜。吃饭时不能掉东西,饭粒不管是掉桌子上还是掉地下,都得捡起来吃了。"可见张作霖对子女管教很严,浪费万万不行。

张作霖对内厉行节约,对外却是另外一套做法。据张学良所言,在帅府内吃饭的,不只是他家里的人,谁到他家来办事,都在帅府内吃饭。另外,招待客人也非常讲究排场,不同的客人上不同的菜肴,分燕菜席、翅子席等,鲍鱼、龙虾、熊掌之类的山珍海味应有尽有。宴会厅是张氏父子外交活动中的一个小舞台,酒足饭饱之后,他们还会招待客人到木枋后面的两只烟榻上吸食鸦片。觥筹交错、吞云吐雾之后,该谈的话都谈了,该办的事情也都办了。

⊙ 宴会厅内之西洋钟

⊙ 宴会厅隔断式木枋后面的烟榻

·三公子会谈,三角同盟形成

1924年,张作霖为打败直系,与卢永祥、孙中山秘密建立了奉、皖、粤反直三角同盟。9月,皖系的浙江督军卢永祥因与直系矛盾日趋尖锐,准备对直宣战。卢永祥致电孙中山,请求出师以牵制直军,同时派其子卢小嘉赴奉天,向张作霖求援。张作霖答应预付卢永祥军队四个月的军饷。孙中山也当即召开大本营会议,决定抽调军队5万人入赣,以支援卢永祥。同时,还派其子孙科自上海乘船经大连至奉天,拜访张作霖。奉天方面,张作霖派张学良出面接待了卢小嘉和孙科,三人在大帅府内举行了会谈,主要讨论江浙局势以及奉、皖、粤三方反直的合作事宜。会谈结束后,张学良在宴会厅隆重地招待了卢小嘉和孙科二人,这就是轰动一时的"三公子会谈"。三公子会谈的举行,进一步加强了奉、皖、粤反直三角同盟。

⊙ 孙科

⊙ 宴会厅内之隔断式的木枋和红木镂空雕花四折屏风

⊙宴会厅内之太师椅

⊙ 装饰豪华的宴会厅

东北政务委员会是东北易帜之后组建的东北最高行政机关，以指导、监督东北各省最高地方政府为职责，下辖辽、吉、黑、热四省，它成立于1929年1月14日。委员会成立之初有委员13人：主席委员是张学良，委员有张作相、万福麟、方本仁、翟文选、王树翰、莫德惠、袁金铠、刘哲、沈鸿烈、张景惠、汤玉麟、刘尚清。委员会下设秘书厅，掌理各项政务，厅下设机要、总务、行政、财务、蒙旗和航警六大处。

东北政务委员会一般三至四天召开一次会议，审核并决议由秘书厅所准备的各项议案。由于当时没有现成的办公用房，且这些委员都身兼要职，不常驻会，所以张学良将其办公室设在了大青楼一楼正南偏东的一间房子内。这里原来是张作霖时期的第一会客厅，使用面积49.1平方米。

东北政务委员会办公室的南侧是一排半月形、上下通体可通向遮荫月台的双层门，靠近西北角有一壁炉。屋内有豪华的木质吊顶，墙壁四周是实木装饰的墙裙，在门的东、西两侧及西墙上装饰有三幅壁画，分别是《红楼梦图》《讲经图》和《九阳启泰图》。屋内中央是一椭圆形桌子，其中12把椅子环列桌子的南北两边，张学良的椅子居西朝东，位列桌子的西侧一端，它身后墙上悬挂着孙中山先生的画像和中华民国国旗及中国国民党党旗。

⊙ 东北政务委员会办公室

⊙ 东北政务委员会办公室内椅子

· 一夜之间完成改旗易帜

⊙ 东北易帜时期的张学良

1928年"皇姑屯事件"发生之后，以张学良为首的东北集团，选择了改旗易帜、服从南京国民政府的道路。这本来是中国人民自己的内部事务，却遭到了日本帝国主义的强烈反对。面对日本的警告与威胁，张学良采取了比较圆滑的手法，最终于1928年12月29日实现了易帜。一夜之间，东北各机关、学校、商店、住宅都悬挂起了南京国民政府的青天白日国旗和青天白日满地红党旗。这几万幅旗，是奉天被服厂利用一夜两天的时间秘密地制作出来的，张学良命人把旗帜分发出去，所有的旗帜都同时挂出来，日本人事先居然一点儿都不知道。东北易帜，挫败了日本帝国主义企图肢解东北，图谋独占东北的阴谋诡计，维护了民族利益和国家领土完整，南京国民政府也获得了形式上的统一。

⊙ 老虎厅

老虎厅原是张作霖时期的第三会客厅，是大青楼内最闻名遐迩的一个房间。张作霖时期，因摆放有汤玉麟赠送的两个老虎标本而得名；张学良时期，因发生了震惊全国的"杨常事件"而闻名。

老虎厅使用面积51.8平方米，室内陈设以西式沙发为主，东、西、北三面分别放有6只黑皮沙发和3张红木茶几，北侧沙发后面是一多宝阁式的博古架，上有青花龙纹盘、人物故事天球瓶等古玩瓷器。屋内东北角和西北角各放置一红木嵌理石屏风，前面则是张作霖的把兄弟汤玉麟所送的老虎标本。张作霖十分珍爱这两只老虎标本，还在老虎厅内与它们合了影。

"杨常事件"是张学良执政东北期间发生在帅府内的重大事件。处决杨、常的当夜，张学良命人将杨、常尸体用老虎厅的地毯包裹抬出，送到了南关风雨坛的姜公祠，并通知他们的家属和亲友认领。事后，张学良内心十分痛苦，竟致彻夜未眠。第二天一早，他吩咐手下刘多荃，让他慰问了杨宇霆和常荫槐的家属，并各送慰问费1万元。与此同时，张学良还宣布：杨、常的事情，与他人无关，绝不株连。为了说明自己的苦衷，张学良还专门写信给杨宇霆夫人，对杀杨宇霆的原因作了说明。1929年1月13日的《新民晚报》登载了该信的全文。

⊙老虎厅内老虎特写

⊙ 东三省兵工厂督办杨宇霆

⊙黑龙江省省长常荫槐

·枪毙杨、常，吓死郑谦

　　"杨常事件"发生当夜，张学良命令秘书长郑谦草拟一份"杨、常经过军法会审昨夜伏法的经过"的电文，想正式报告南京政府，并昭告东北各市县。但郑谦与杨宇霆、常荫槐关系甚密。杨、常被秘密枪毙，郑谦感到非常不安，害怕自己也会落到这样的下场。惊恐之余，这位"文思敏捷，下笔千言，倚马可待"的大才子，竟然两眼发呆，一个字也写不出来。张学良知道他的难处，便改令刘鸣九执笔完成了电文。孰料郑谦受此惊吓，回家之后竟一病不起，虽然遍请名医却无济于事，三个月后就病故了。闻听郑的死讯，张学良深感遗憾，他本无杀郑之心，乃命左右厚恤其家属，并亲临郑家吊唁。此后，"枪毙杨、常，吓死郑谦"的顺口溜也流传开了。

1928年，张学良主政东北后将自己的办公室设在了大青楼二楼正南面的一间房屋内，该房屋使用面积为49.1平方米。这间办公室一直沿用到1931年，张学良在这里做出了东北易帜和武装调停中原大战的重大决定。前者促成了国家统一，后者避免了国家的再次分裂。

张学良办公室与东北政务委员会办公室的格局及装修相同，但室内陈设以西式办公家具为主。西侧是一套宽大的榉木雕花办公桌椅，背靠西墙，面朝东向，桌上摆放着砚台、镇尺、印泥盒、笔架、笔筒、台灯、电话等办公用品，西南角有一榉木方台，上置一老式打字机。北墙西侧摆放有两组四开门榉木书柜。屋内东侧是一组西式木雕布面沙发，在办公期间张学良可以在此接待少数人的来访。为了使人们了解他的办公时间和地点，以便随时接待来访客人，听取汇报和检查工作，张学良还特意在《奉天公报》上长时间专门登载了他每天的办公作息时间表，并把它张贴在自己的办公室里。这个时间表为："上午，八时至十时，赴军队或各校视事；十时半至十二时，会客办公。下午，三时到五时，会客办公。"

⊙ 张学良的办公室

⊙张学良办公室一角

⊙张学良办公室打字机特写

⊙张学良办公照

·张学良巧言对日使

1928年6月，年仅27周岁的张学良临危受命主政东北。他决定改旗易帜，实现国家统一，但日本帝国主义却企图拉拢张学良，使东北成为在日本控制下的独立王国。就在张作霖发丧期间，驻华公使林权助以吊唁为名，一再向张学良施压。由此，张学良和日本特使之间展开了一场正面交锋。

最激烈的一次发生在8月9日。林权助拜访张学良时，两人唇枪舌剑，展开了一场激烈的辩论。但最终林权助也没能使张学良就范。

眼见会谈陷入了僵局，无奈的林权助只好改用和缓的口气说："我和令尊是朋友，敝国政府派遣我来吊唁，就是因为我和贵总司令有此渊源。在私谊上说，我把贵总司令当作自己子侄，见有危险，我不能不予奉告。"张学良听了，立刻还以颜色道："我和贵国的天皇同庚，想来阁下是应该知道的，对于阁下刚才的话，我所能奉答的就是这些。"

说完后，张学良欲起身离开，但仍不死心的林权助又诱惑道：

"少帅是栋梁之材，要想统一中国，我们大日本愿意帮助你一切，保证一年大功告成，何必挂青天白日旗呢？"对此，张学良答道："想不到贵国和公使先生替我想得如此周到，你们比我自己想得都多呀！"一听此言，林权助以为事有转机。没想到张学良话锋一转，说："不过有一件事情，你们没有替我想到，你们忘记了我是一个中国人！"此话一出，向来善于雄辩的林权助方知日本已无法阻挠张学良易帜的决心了。

张学良和于凤至的居室

大青楼内张学良和于凤至的居室在二楼西南角，也是两个房间夹一盥洗室，与一楼张作霖办公室和卧室之格局、面积相同。

张学良和于凤至的卧室装饰比较简单，但室内陈设充满了中西结合的情调，东南角是一张西洋式的大铜床，两侧放着中式的红木床头柜；西侧是一对西式的布艺沙发，中间的茶几是圆形的；北侧并排放着中式的梳妆台和红木书柜。梳妆台上的首饰盒、梳妆盒等，显示女主人十分注重仪表。墙壁上悬挂着张学良子女的照片和书画作品，充分反映了张学良夫妇对子女的喜爱之情和对他们性格爱好的培养。

起居室的装修装饰相对豪华，有实木墙裙和壁炉，室内陈设以中式家具为主，北侧有两组书柜式红木多宝阁，内置古玩杂陈若干件；西侧是一件三开门的浮雕红木立柜；南侧摆放有一件红木贵妃榻；屋子中央摆放着一套红木圆桌椅。就是在这间屋子内，张学良和于凤至以抛掷银圆的方式决定了杨、常的生死。

⊙张学良和于凤至卧室内之留声机

⊙张学良和于凤至的卧室

◎张学良和于凤至的起居室

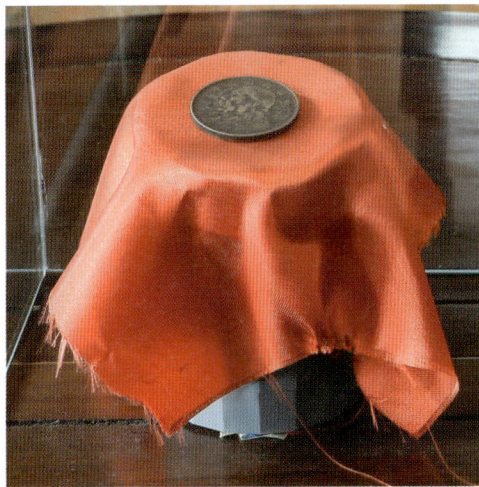

◎张学良和于凤至起居室内的银圆

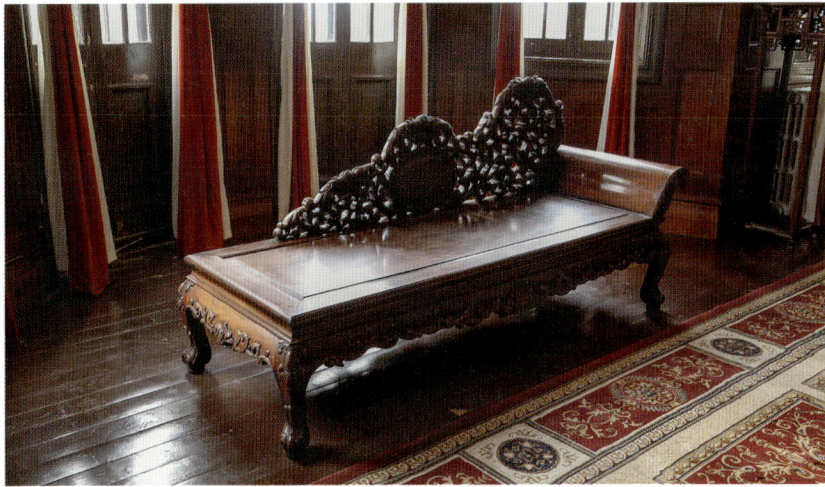

◎张学良和于凤至起居室内的贵妃榻

·一块银圆的故事

九一八事变爆发的次日，日军进占了大帅府。他们满怀希望地想从这里发上一笔横财。当一队日军冲进张学良的起居室时，目光不约而同地盯住了屋角的一只保险柜，以为里面一定有大量的机密文件或金银财宝。日军一哄而上，费了九牛二虎之力才将保险柜撬开。却发现保险柜里既没有机密文件，也没

有珠宝首饰，偌大个柜子里仅放着一枚小小的银圆和一张写有"收到现大洋五十万元整"的收据。后来证实，收据是日本政友会写给张学良的，但银圆又是怎么回事呢？

原来，处决杨、常之前，张学良一直犹豫不决。但此乃绝密事件，张学良问计无人，只好和于凤至商量。二人最终决定向天问命，

以银圆卜卦。抛掷银圆后，袁大头朝上就杀。结果连掷三次，都是袁大头向上。于凤至说可能是银圆成色有问题，再押反面试试。于是，又掷三次，结果都是反面向上。张学良认为，处决杨、常，乃天意也！为留作纪念，张学良将这枚决定杨、常命运的银圆收藏在了他卧室的保险柜中。

谢幕

一代枭雄的弥留谢世之地

小青楼

小青楼，位于帅府花园的中心，通体共有三十扇窗户和南北两个入户门。登上此楼，从任何一个方向都能看到帅府花园的美丽景色，因此时人称其为"园中花厅"。它本是一代枭雄张作霖给最宠爱的五夫人寿懿专门修建的起居之所，没承想最终竟成了他自己遭遇横祸后人生谢幕时的弥留之地。

"尽珠帘画栋，卷不及暮雨朝云，便断碣残碑，都付与苍烟落照，只赢得，几杵疏钟，半江渔火，两行秋雁，一枕清霜。皇图霸业，终归于渔樵闲话。"

皇姑屯一声巨响，炸碎了张作霖的雄图霸业梦，也打破了省城奉天的祥和与宁静。帅府内外，风云因而色变，草木为之含悲；小青楼中，子女肝肠寸断，夫人哀哀欲绝。

"我要走了，不要告诉小六子！""我到家看看小五！"这是张作霖被炸后神志恍惚时说过的话语。虽然简短，但深情无限。"小六子"是张作霖寄予厚望的长子学良，而"小五"则是他最宠爱的五夫人寿懿。临终前的牵挂，让人闻之动容，思而泪下。

张作霖的离去，仓促得像一阵烟，逝去的已经冰冷，活着的还需面对。年轻貌美、知书达理、精明能干、办事得体、母以子贵，是时人和后世对寿懿之所以能获得张作霖宠爱的评价。但在面对危局之时，在涉及国家大事之际，寿懿能够镇定自若、随机应变，把"盛装巧对日本领事夫人"的戏码表演得惟妙惟肖、不着痕迹，才是更让人激赏的明慧之处。

兴亡千古繁华梦，观楼感怀悲往事。就让我们用深长的记忆，致祭逝去的时光与久远的往事！

五夫人卧室

　　小青楼是张作霖专门为其最宠爱的五夫人寿懿修建的。寿懿的母亲王氏是黑龙江将军寿山的一个外室。八国联军侵华时，寿山将军为国殉忠，寿懿母女失去了依靠，只好回奉天老家居住。王氏希望女儿将来能出人头地，用自己的一点积蓄送她读书。寿姑娘没有辜负母亲的一片苦心，品学兼优、出类拔萃。1917年，在中学毕业典礼上，寿懿代表全体毕业生宣读答词，被光临典礼的张作霖一眼看中，不久就成了他的第五位夫人。刚住进此楼时，寿氏为避免引起其他夫人的嫉妒，将自己的卧室安排在一楼东屋，而将张作霖其他夫人所生的几个年龄较大的女儿安排到了二楼采光好的房间居住，因此此楼也叫小姐楼。

⊙张作霖最宠爱的五夫人寿氏

⊙五夫人卧室

小青楼一楼东屋五夫人的卧室分里外两间，里间使用面积为10平方米，其北侧放置一硬木嵌牙雕架子床，床边西侧摆放嵌骨马桶箱1个。这里是五夫人晚间就寝的地方。卧室的外间使用面积为39平方米，室内装修和陈设都比较豪华，实木墙裙、实木地板、壁炉以及红木家具使得整个房间显得十分华贵典雅。屋内正中有一套红木嵌理石面的方桌椅，是五夫人用餐之所；西侧是五夫人梳妆打扮的地方，梳妆台上放置着精致的首饰盒、化妆盒等；北侧有两把红木嵌螺钿的太师椅和一方茶几，东侧是一红木雕花三人椅，椅子两边分别放置一方矮柜。每当有知近的女性客人来访时，五夫人都会在此屋接待。正是在这个房间内，知书达理、精明能干的五夫人先后养育了张学森、张学浚、张学英、张学铨四个儿子，这在大帅的夫人中独一无二。母以子贵，五夫人因此得到了张作霖更多的欢心和宠爱。

⊙五夫人卧室留声机

⊙五夫人卧室

·五夫人帮大帅娶六姨太

1923年秋天，张作霖因军政要务，住在天津"恒聚德"军衣庄。一天，"天宝班"班主送来了七八位年轻女子，供张作霖挑选。这群女子中，一位名叫马正仪的姑娘格外引人注目。她圆圆的脸蛋透着忠厚，微微上翘的嘴角似乎永远都在微笑，还有那饱满的天庭、细腻的皮肤、笋形的纤指……张作霖觉得这个女子有福相，会给男人带来好运，但身为东三省巡阅使且已娶过五位夫人的张作霖，万难将身为戏子的马正仪娶回家。

回到帅府后，张作霖时常显得神情不宁。善解人意的五夫人知晓了其中的隐情后，非常宽容大度地处理了此事。她派人秘密将马正仪领回帅府，以贴身丫鬟的身份陪侍左右。五夫人把小青楼二楼中最好的一间向阳的屋子收拾出来给她住，并带她去城内著名的萃华金店打首饰，还让厨房每天把给各房夫人做的百合羹也给她定时送去。自从马正仪进帅府后，张作霖先是打胜了第二次直奉战争，紧接着又问鼎中原，成为陆海军大元帅。迷信的张作霖以为是马正仪给他带来的好运，所以更加喜欢她了。1924年，马正仪生下一女，身在天津的张作霖得知此消息后，立即打电报告诉五夫人："女孩尊为六小姐，马姑娘升为六太太。"

⊙张作霖与张学森（右二）、张学浚（右一）、张学英（左二）、张怀敏（左一）

⊙张作霖五夫人及其四个儿子

⊙张作霖五夫人寿氏（右）与六夫人马氏（左）

⊙会客厅

⊙ 张作霖

小青楼一楼西屋会客厅也分里外两间，里间使用面积为10平方米，外间使用面积为39平方米。房间内有实木墙裙、实木地板和壁炉做装饰，陈设着清一色的红木嵌螺钿家具。西侧是一张红木嵌螺钿罗汉床，上置红木嵌螺钿小方桌，床的两侧有红木嵌螺钿香几各一个。南侧摆放的是一对红木嵌螺钿理石背扶手椅，中间是一方红木镶嵌螺钿茶几，上置青花盖碗茶杯。

东侧有两个红木博古架，内置古玩杂陈若干。北侧依次摆放着嵌镙钿花几和红木阁台，上置电话、楠木如意、座屏、彩绘瓷帽筒等。西南角壁炉上置民国座钟一个，壁炉上方的墙壁上悬挂着带鞘军刀一把，显示了张作霖一生征战无数的戎马生涯。

小青楼不仅是五夫人居住的地方，也是张作霖日常起居的重要场所。张作霖偏宠五夫人，经常到小青楼吃饭休息，小青楼一楼西屋会客厅便是张作霖和五夫人接待知近客人的地方。吴俊升、张作相等人来访，特别是携夫人来访时，张作霖往往就在小青楼的会客厅由五夫人作陪接待。1928年6月4日，张作霖在皇姑屯被炸成重伤，也是被抬到这个房间，经紧急抢救无效而过世的。

⊙皇姑屯事件中，吴俊升与张作霖同车被炸身亡

⊙五夫人在小青楼接待前来打探张作霖生死的日本领事夫人（模拟）

·五夫人巧对日本领事夫人

张作霖被炸身亡后，为保持时局稳定，奉系高层决定封锁消息，秘不发丧。张作霖生死不明，日本军方不敢贸然采取军事行动。为探明虚实，日本驻奉天总领事吉田派出自己夫人以"探疾"为名，亲往帅府。

承启官见领事夫人来访，忙去请示："五夫人，日本吉田总领事的夫人来访，是不是也照例挡驾？"

五夫人想了想说："不，领事夫人来访，我应该接待。等我安排一下，你再陪她过来。"

承启官引着领事夫人进了帅府东院。领事夫人一路留神观察，只见庭院打扫得分外干净整洁。从小青楼走出两个丫鬟，用托盘捧着撤下来的饭菜，一路嘻嘻哈哈、有说有笑地向厨房走去，二楼传来留声机悠扬欢快的歌声……

承启官把领事夫人引进小青楼东屋，说："请稍等一下。"随即退出。领事夫人见屋内毫无异状，便悄悄地向外张望。只见五夫人衣着华丽，修饰美好，陪着一位挂着听诊器的医生和两个捧着药盘的护士，面带笑容从小青楼西屋走了出来，说声"辛苦了！"便扭身走进来笑盈盈地向领事夫人略施一礼，连声道歉："对不起，让夫人久等了！"

领事夫人连忙还礼说："夫人不必客气。吉田君听说张大帅负伤，十分关怀，特派我来府探望，表示慰问。"

五夫人让座之后，命随身丫鬟斟茶。然后从容地说："多谢吉田总领事。大元帅遇险轻伤，受到惊吓，刚给他服完药睡下了，医生嘱咐不要惊动他。真不凑巧，今天是不能见客了！"

领事夫人听了，一时竟不知该说什么才好，沉默了片刻后，无奈地说道："唔，是这样啊……"

五夫人接着笑道："大帅昨天还说，伤好之后，首先要招待一下日本朋友。大家有一段时间没有会面了！"

"那好，那好！"领事夫人没有探听到什么情况，只好礼貌地告辞了。

五夫人犹如一个天生的演员，把这一出戏表演得惟妙惟肖。

张学良 赵一荻最初的爱巢

赵一荻故居

小楼仍在，红颜已逝；情只一字，千古难解；唯有爱，始终存在，难以磨灭。

赵一荻和张学良相遇时，名门佳媛情窦初开，将门虎子已为人夫。虽然在那个年代男人拥有三妻四妾倒也是稀松平常之事，但张学良的夫人于凤至拒绝接纳赵一荻，注定了赵一荻的爱情之路上会有很多艰难险阻。所幸的是，虽然困难重重，但张学良足够负责，赵一荻足够坚持，二人最终在无垠的黑暗中寻找到了一线微弱的光亮。

赵一荻心甘情愿以秘书的身份陪伴张学良，她以娴熟的英语、周到得体的处事能力、与人为善的人品风貌和对张学良的一片真情，赢得了东北政界高层的一致赞许，也赢得了心胸大度、温柔贤慧的于凤至的真心认可，为她在帅府东侧买下了这幢红色的二层日式小楼。在这里，张学良和赵一荻定下了终身之约，一起度过了柔情似水的岁月，共同孕育了爱情的结晶；也是在这里，赵一荻开始了一生的等待，最终由青丝等到了白首，自花开等到了叶落，从曙色初露等到了晚霞漫天。

幸而，世上爱心小楼有证，人间真情大道无极。终于，1964年7月4日，台湾地区《联合早报》以大篇幅报道了这对白发人的婚礼："卅载冷暖岁月，当代冰霜爱情；少帅赵四，正式结婚；红粉知己，白首缔盟；夜雨秋灯，梨花海棠相伴老；小楼东风，往事不堪回首了。"

意境深长，耐人回味的报道，很是让人喜欢。张学良将军和赵一荻小姐，半世幽禁一世情，是风云变幻的独特岁月成就了这样一个永恒的爱情故事，还是二人的相爱相守到白头为这多舛岁月增添了几分光彩？山川不语，江流无声，小楼静置。天边的一抹晚霞微微露出一丝亮光，人间的绮霞却早已不见，连同那个她爱了一生同时也深爱着她的男子。

赵一荻名绮霞，一荻是她的英文名字Edith的译音。她在家中排行老四，因而被称为"四小姐"。赵一荻小姐祖籍浙江兰溪，出身官宦之家，父亲赵庆华，在北洋政府时期官至交通部次长。赵一荻小姐从小在天津长大，接受过西方教育。与张学良相识热恋后，于1929年9月来沈，先是在张学良的北陵别墅居住，后搬此居住，与张学良共居爱巢一年有余。

舞厅、餐厅与琴房在赵一荻故居的一楼。拾阶而上，进入门厅，从其北侧左边的门可进入通向舞厅的走廊和到二楼的楼梯，从其北侧右边的日式拉门可进入餐厅，穿过餐厅便进入了琴房。

舞厅的使用面积为39.9平方米，室内以民国洋楼中非常流行的门窗护套、实木墙裙和实木地板做装饰，顶棚则是井口天花，其圆光部位绘有"延年益寿"四个贴金字，四个岔角绘制有如意图案，整个装饰豪华典雅，富丽堂皇。室内陈设以西式家具为主，北侧中间摆放一个三人皮沙发，两侧是单人皮沙发，沙发前放置一椭圆形茶几；东、西侧各摆放四把绒布面靠背椅和两张红木圆茶几，西南角有一红木吧台。

此舞厅是张学良和赵一荻举办小型私人舞会的地方。此前二人因跳舞结缘，相识相恋一起生活后仍然保留了这个爱好，每月都会在此不定期地举办小型舞会，借以丰富业余生活。舞厅南侧有一个10平方米的衣帽间，摆放红木衣柜、五斗橱和穿衣镜各一个，外来参加舞会的人员可以在此寄存和更换衣物。

⊙舞厅

⊙舞厅局部

⊙舞厅内之靠背椅

⊙舞厅衣帽间

餐厅的使用面积是22平方米，陈列相对简单。西侧是一张黄梨木长条案，两侧各放置一把黄梨木靠背椅，条案上有西洋座钟和香炉等；正中央是一张黄梨木的方形餐桌，桌子的东西两侧各有一把黄梨木靠背椅；东北角有一个黄梨木毛巾架。

　　于凤至虽然同意接纳赵一荻留在张学良身边，但前提条件是赵一荻没有名分，不得入住帅府大院。此楼没有专门的厨房，赵一荻的一日三餐都是在帅府的厨房内做好，由专人负责送到这里的。

⊙餐厅桌椅

⊙餐厅

从餐厅北侧的门往里走，就进入了琴房。赵一荻自小就读于天津教会学校——中西女校，对钢琴十分娴熟，因此特意在一楼安排了琴房，闲暇时以便她排遣远离家乡的思念之情。该房间使用面积25.6平方米，北侧摆放着一架钢琴，边上有一个陈列柜，内置黄杨木雕寿星、牡丹红漆短颈瓷瓶、彩绘牡丹蝴蝶盘等古玩杂陈若干件。东侧摆放有一个双人皮沙发，西侧是两把绒面靠背椅和一张红木圆茶几。室内正中铺设地毯，色泽清新淡雅；墙壁饰以条形壁纸，与淡青色的门窗护套相映成趣，简约而不失格调。

⊙琴房

⊙ 赵一荻父亲赵庆华

⊙ 赵一荻母亲吕宝贞

⊙ 青年时代的赵一荻

·轰动一时的"绮霞失踪案"

1929年9月，一代名姝赵一荻女士离家到沈阳探望生病的张学良。当时，张学良并不想留赵家小姐。但赵一荻的异母兄长为助母争宠，挑拨离间，使得一个待字闺中的富家小姐与一个有妇之夫传出绯闻，成了人们饭后茶余的谈资。很快，有关赵一荻小姐私奔的消息在天津传播开来，弄得满城风雨。

赵一荻的父亲赵庆华得知此事后，暴跳如雷。他一生耿介清廉，颇注重个人名声。自己的女儿居然私奔沈阳，投入有妇之夫张学良的怀抱，这在赵庆华看来简直就是伤风败俗，有辱门庭。盛怒之下，赵庆华在报上连续5天（1929年9月25—29日）公开发出启事，将赵一荻从赵氏宗祠开除出去，断绝一切往来。赵庆华也从此隐居山林，未再复出。

据张学良晚年回忆，赵一荻当年到沈阳"只是来看看"他，然后"还是要回去的"。可是，赵庆华一登报，断了她的后路，反倒回不去了。赵一荻小姐投入东北第一大家族门下，身份未明，依样得向张学良的夫人于凤至磕头，自屈为小。从此虽小楼新筑，父女却恩断情绝，倒是成全了张学良百年人生中一段色彩浓烈的爱情传奇。

赵一荻的书房兼会客厅与办公室、卧室在二楼。书房兼会客厅在整个楼层的最南边，使用面积36.8平方米。屋内西侧由一个双人布艺沙发、两个单人布艺沙发和一张红木方茶几构成相对独立的会客区域，西南角摆放角柜一个，内置万寿无疆瓷盘等古玩；东侧是赵一荻读书的地方，书桌背东面西，坐在那里，当有客来访时，一抬眼就能看到来人。北侧靠墙依次放置一条形柜和一博古柜。条形柜上置一瓷骏马工艺品，博古柜内置咖啡具一套。

从书房北侧的门可以进入办公室，该屋使用面积20.9平方米。屋内西侧放有一组书柜，内置书籍若干本，东侧摆放有办公桌椅，下面铺设地毯；东南角摆放有一台打字机，墙壁上悬挂有赵氏四姐妹的合影。赵一荻娴熟英语，在张学良主政东北时以秘书的身份随侍左右，是张学良处理内政外交时的得力助手。

赵一荻的卧室位于二楼的西北角，使用面积24.3平方米。此房间的南侧、西侧和北侧共开有三扇门。南边与书房一墙之隔，中间有一扇日式拉门相通，西侧的门通向对面的用人房，北侧的门通向室外平台。墙壁四周贴有壁纸，东西两侧分别悬挂着赵一荻豆蔻年华时的男装照、时装照。室内北侧摆放有一张红木带架雕花床，两边是床头柜，分别放置青花瓷盆和西洋式座钟；南侧摆放有贵妃榻，下面铺设有地毯；西侧摆放梳妆台、梳妆凳。整个房间显得洋气华贵，气氛温馨浪漫。赵一荻将自己的卧室安排在二楼的这间屋子，是因为从北门出去站在平台上抬眼就能看到大青楼内张学良办公室和卧室的灯光。正是在这间屋子内，张学良和赵一荻拥有了爱的结晶——张间琳。孩子出生后，于凤至怕没有名分的赵一荻不便抚养子女，便对外宣称张间琳是自己的儿子。

⊙书房兼会客厅

⊙会客厅沙发

⊙办公室打字机

⊙书房兼会客厅内电话

⊙书房兼会客厅内书桌

⊙卧室

⊙一墙之隔的卧室和办公室

⊙办公室

·于凤至对赵一荻的成全

1964年，因患乳腺癌前往美国治病的于凤至，和张学良分别已达25年之久。面对赵一荻几十年无怨无悔的相伴照顾，张学良觉得欠她太多，且自知到美国和家人团聚无望，和于凤至的婚姻生活已名存实亡。思虑再三，张学良决定和于凤至解除婚姻关系，和赵一荻结婚，给她一个名分。

当于凤至收到张学良的请求时，她思前想后，也觉得20多年来自己未能尽到妻子的义务和责任。多年来，幸亏有赵一荻相依相伴，才使张学良身心得到宽慰。于凤至深明大义地对前来劝慰的亲朋好友说："赵一荻是位难得的女子，25年来，一直陪着汉卿，同生死、共患难，一般人是做不到的。现在有她陪着汉卿，汉卿高兴，我也放心。至于我个人的委屈，同他们所受的无边苦楚和寂寞比起来，又算得了什么！"同时，也是出于对张学良的安全考虑，1964年3月，于凤至将一份内涵深刻、豁达体谅的离婚手续寄到了张学良手中。

当年的7月4日，张学良和赵一荻小姐得以在台北杭州南路美国友人伊雅格的寓所里秘密举行婚礼。结婚当日，赵一荻小姐面对张学良"大恸"。不是喜极而泣，而是她没有想到张学良真的能和她结婚。

⊙张学良和赵一荻在台湾北投家中

⊙张学良和赵一荻的结婚照

千古英雄第一人

懍然忠義無雙士

信卿

[伍]

张氏父子的精神信仰之所

关帝庙

中国人的信仰自古以来就是多种多样的，多元化的信仰充斥着社会，到了民国时期，在关东大地上，基督教（新教）堂、天主教教堂、清真寺、佛教寺庙、孔庙、关帝庙等随处可见。基督教（新教）、天主教、伊斯兰教、佛教、儒教、道教，民间的各种信仰在各种各样的人群中广泛存在。张氏父子作为民国时期东北地区的领袖人物，他们也有着自己独特的信仰。

张作霖将关帝庙修建在自己的府邸之内，张学良将父亲的塑像供奉在关帝庙的配殿之中，这既是他们的独创，也是他们性格特征的一种鲜明体现——张作霖具有超于常人的尚武忠义思想，张学良则有祖先崇拜的情结。

关帝庙位于帅府东院的东北角，由正殿和东、西配殿组成。正殿使用面积15.6平方米，东西两殿的使用面积各为10平方米。

正殿北侧供奉坐北朝南的关羽坐像一尊，为清末民初时期帝王像风格。其上方悬挂着"忠义殿"匾额，殿内正中摆放香炉，南侧放有功德箱。室内油漆的颜色为铁红色，在玻璃窗内侧衬正黄色布，以符合甚至突出庙宇神秘庄严的氛围。东、西墙壁上分别绘制有"桃园三结义"和"过五关"两幅《关帝圣迹图》壁画。殿外两侧悬挂着"汉朝忠义无双士，千古英雄第一人"的对联。

西配殿内上方悬挂着"万世人极"匾额，北侧摆放的长条案上放置一把关羽的青龙偃月刀和一方阳文的"汉寿亭侯之印"。北、东、西墙壁分别绘制有"大破张角""涿州全胜""华容道义释曹操"三幅《关帝圣迹图》壁画。

东配殿的北面墙壁上绘有《张作霖征剿蒙匪记》壁画，北侧有一供台，上有一尊高1.5米、褐色的张作霖着大元帅服坐姿塑像。东、西两侧墙壁上悬挂着段祺瑞、徐世昌、张作相、吴佩孚、李宗仁以及东北大学全体职员和文科全体学生在张作霖去世时所送的挽联。

⊙西配殿内景

⊙正殿内景

⊙东配殿内景

⊙《张大元帅哀挽录》

⊙张作霖丧礼之灵堂

⊙张作霖丧礼之灵座

·张作霖视民如伤告天求代

张学良对父亲十分敬仰，认为张作霖是中国历史上一位不可磨灭的雄才人物。张作霖的一次除夕之祭，令晚年的张学良仍念念不忘。对此，张学良在其自传体遗著《杂忆随感漫录》中写道："每逢农历除夕，我父亲必斋戒礼神。某年的除夕，我父亲令秘书长谈铁隍替他作一篇告天文，大意是'他痛伤连年灾荒，人民流离失所，此岂人民之罪乎？或系群魔作祟乎？祈上天赐给人民平安，愿上天早将诸魔收回，自恐亦是群魔之一，甘愿先去，否则祈祝上天开恩，降福除灾。如人民有罪，我愿以身代之云云。'此文我未亲见，此事我亦不知，此乃莫柳忱（即莫德惠）在我父亲去世之后，他亲口讲给我听的。"张作霖去世后，张学良还专门让人抄录了时人送给张作霖的祭词、挽联等，汇集编印成了《张大元帅哀挽录》，分送给亲朋好友以志纪念。

[陆]

张氏家族豪华的私家银行

边业银行

边业银行原是由西北筹边使、皖系军阀徐树铮"以开发边疆，巩固国防为名，呈准北京政府立案"于1919年设立的，总行初设库伦，1920年迁到北京。张家口、天津等地皆有分行设立。边业银行取开边创业之意，享有代理国库、发行货币的特权，直系军阀曹锟是其最大的股东。

1924年，第二次直奉战争中曹锟战败，边业银行也面临倒闭的危险，天津分行负责人章瑞廷，为逢迎张作霖，以兑让的名义将边业银行转给了奉系。经过四个多月的重新筹备，边业银行于1925年4月10日再次开业，总行设在天津。为方便经营，1926年6月张氏父子又将边业银行总行迁到了奉天。银行最初新定的资本为2000万元，最后实收525万元。其中以张作霖个人名义认购的520万元股份，实际上是接兑边业银行时从东三省官银号拨出的10万两黄金和20万元现大洋变卖而来的。如果说由东三省官银号化名而来的边业银行是张氏家族的私家银行，其实一点也不为过。

从边业银行正门拾阶而上，跨过九级台阶，推开厚重的大门，便进入了边业银行的营业大厅。这里是边业银行当年对外开展存款、取款、汇兑等现金业务的场所，使用面积437平方米。它占据两层空间的高度，室内南北两侧分别有四根下方上圆的巍峨石柱支撑，顶棚四周是石膏造型的欧式吊顶，中间是红、黄、蓝、绿等彩色玻璃覆盖的天棚，视野开阔，既华丽又可为大厅提供良好的采光。地面则由庄重的、黑白相间的方形大理石铺就，虽经岁月磨砺，仍保存完好。

室内有利用铁艺护栏与柜台形成的三维独立空间，南、北、西三面是银行开展业务的地方，仿制有座椅、写字台等办公用品，大厅中央是带有挂钟的圆形信息填阅台，柜台和信息填阅台之间有序地摆放着八组红木皮面靠背长椅。柜台内外有85尊栩栩如生的高分子仿真人物造像，柜台内是银行职员，柜台外边是前来办理业务的人们。银行职员统一着装，深蓝西服，白色衬衫，红色领带，各个显得精神饱满。他们有的在支取现金，有的在结算账目，有的在接听电话，有的在整理单据……前来办理业务的有中国人，也有外国人；有衣着考究、珠光宝气的达官显贵，也有穿戴普通、肩背褡裢的平民百姓。他们有的在存款、取款，有的在填写单据，有的坐在长椅上休息聊天，有的在互相拱手作揖打招呼……所有的高分子仿真人物穿着打扮各异、表情姿态不同，但个个制作精良、神态逼真，富有浓郁的生活和时代气息。繁忙的场面，川流不息的往来人群，真实地再现了上世纪二三十年代旧式银行营业大厅内银行职员和顾客的众生相画面。

◎营业大厅全景

⊙营业大厅局部

陆　张氏家族豪华的私家银行——边业银行

⊙营业大厅局部

⊙张作霖

·张作霖怒查天合盛

张作霖主政东北十余年，曾两次整顿金融秩序，都轰动一时。第一次是1916年枪毙不法钱商，第二次是1926年拿倒卖奉票的天合盛开刀，挽救危局。

1925年前后，由于战争的牵动和奉票发行量的增加，致使奉票兑现洋的比价剧跌。一些不法商人趁机倒卖，从中渔利。眼看金融危机越来越严重，张作霖决心拿倒卖奉票闹得最欢的天合盛开刀，来一番彻底整顿，摆平那些钱商。

在收集到天合盛倒卖奉票的确凿罪证后，张作霖突然于1926年8月19日召集奉天省城各银行、钱号业主训话，并当场宣布将天合盛奉天执事人李墨轩、长春执事刘善庆、哈尔滨执事冯浚川和奉天会元公执事杨向宸、李继武5人，以违令倒把、扰乱金融的罪名执行枪决，并广发布告，以儆效尤。随后张作霖又下令查封各地天合盛商号财产，并将其清理充公，同时逮捕各地钱商近287人。消息传出，张作霖查抄天合盛案轰动一时，震惊了全国。

⊙奉系时期东北流通的纸币

张作霖接收边业银行伊始，就指派长子张学良任董事长。张学良在边业银行之内的董事长办公室设在交易大厅南边的一间房屋内，其使用面积为60平方米。室内南侧中间是一套宽大的、背东面西放置的办公桌椅，办公桌椅后面并排放置着三个红木文件柜，南侧有一柜式衣帽架，木质地板上铺设有红色的花式地毯，整个房间显得富丽堂皇、华贵典雅。

张学良虽为边业银行董事长，但他很少在此工作。边业银行的具体业务基本由总裁、总理、协理等人负责。张作霖任命东三省官银号总办彭贤为总裁，东三省官银号会办姜德春为总理，东三省官银号会办梁文彬为协理。彭贤的总裁职务起初只是挂名，实际责任基本由姜、梁二人共同承担。边业银行总行迁到奉天后，其股东皆为政府要员，业务开展颇为顺利，经营日益兴旺，到1931年时，共有员工237人。九一八事变后，边业银行被日军占领，其中的现金、黄金、抵押品、寄存品等被洗劫一空，只有一些笨重的金柜和其他一些办公用具保留下来。

⊙董事长办公室

·张作霖在边业银行纸币上加盖"天良"印记

北洋政府时期，各银行发行的纸币实际上是一种兑换券，钞票持有者随时可以到发钞行兑现等额的现洋即银圆或铜圆等金属货币。由于政权更迭频繁、局势动荡不安，有些银行为了各自利益，不顾自身存款准备金的多寡，滥发纸币，造成无法满足民众的兑现要求，往往导致发生挤兑局面，不仅民众的财产受到损失，银行的信誉也大大降低。

张作霖虽然文化程度不高，但深知滥发纸币的危害。他在接兑边业银行之初，便决定发行信誉良好的货币，以代替日趋贬值的奉票。张作霖说："咱们发票子，他妈的是凭天良，不能坑人，票子上要盖上'天良'戳子。"按照张作霖的

吩咐，工作人员将收购来的旧边业银行钞票和新印的纸币上都加盖了"天良"二字的红色戳记。这种加盖"天良"印戳，表示对老百姓要讲究"天地良心"、注重信誉的做法，向世人昭示了张作霖不坑害老百姓的决心和勇气。这是张作霖的一项独特发明，在中国钞票史上属于独创。

⊙印有"天良"的边业银行纸币

边业银行地库在边业银行办公大楼的地下一层，有大小十余个房间，分别用于存放黄金、白银、现大洋以及各类纸币等。目前原状复原的只有一个房间，其使用面积为78.6平方米，是原边业银行存放现金的场所。屋内东侧和北侧井然有序地摆放着两行木质柜架，上边放满了一摞摞的纸币现钞及银圆等，中间的柜架上放着装钱用的箱子，每只箱子上都写着只有工作人员自己才能看懂的文字记号。南侧墙边依次放置有三只大小不等的金柜，是原边业银行使用过的。

边业银行地库的安全系数很高，除进入地库时迷宫般错综复杂、蜿蜒曲折的通道外，地库的门窗结构也都非常严密。每间地库都有一扇厚重的防盗门和一个应急口。如遇到紧急情况时，可从应急口出入。地库的大门是德国柏林制造的，是当年世界上最先进的加重保险门，有上下两把锁，需要两人同时将钥匙插入才能将门打开。此外，地库墙壁上的通风换气口也别具一格，它由镶嵌在钢构框架内里外两层带有14个通气孔的钢片构成，两层通气孔错位分布，当通过其上的把手将里层的钢片拉动时，两层钢片上的通气孔重合，即可达到地库内外空气置换流动的通风作用。

⊙金库门与应急出口

⊙地库内景

⊙九一八事变次日，日本占领大青楼

·日本抢劫张家财产的记录文献

据《中国档案精粹·辽宁卷》记载：1931年9月19日，张学良官邸被日军占据后，"搜出黄金八万条，运往东京，每条重二斤，计二百五十六万两，价值华币二亿六千万元"。

《九一八国难痛史》中也有这样的记载："张副司令（即张学良）行辕十九日前六时十分，被日军包围，故大元帅之五夫人等率领家属由卫队保护出走小南关天主教堂暂避。所有张副司令私邸一切贵重物品，均被日军夜间用载重汽车运走。二十年来之珍藏抢掠一空，各处办公器皿，多被日军捣毁掷入院中水池中，文卷信印均被日人得去保管。"

另据日本古野直也在《张家三代之兴亡》一书中披露：九一八事变之后，和张学良私交很好的日本关东军司令本庄繁，命令工兵队把张学良的家产、美术古玩500余箱，装入两辆货车，运往北京张学良的官邸（这在张学良晚年回忆中也得到证实）。但张学良拒绝接收本庄繁运来的物品，后来，这些家产都失散了。此外，日军占领帅府后，还将部分物品当作逆产予以拍卖。1932年8月1日，拍卖会在奉天王松岩府邸举行，帅府内的一批物品以总计78955日元22钱的价格卖出。

⊙日本人在大青楼内打包

⊙日本人在小青楼前打包

参考文献

REFERENCE

1.曲香昆.民国军阀第一府宅——大帅府【M】.沈阳:万卷出版社,2012.

2.沈阳市人民政府地方志办公室.张氏帅府志【M】.沈阳:沈阳出版社,2013.

3.张学良口述,唐德刚撰写.张学良口述历史【M】.北京:中国档案出版社,2007.

4.于凤至.我与汉卿的一生——张学良夫人于凤至回忆录【M】.北京:团结出版社,2007.

5.赵杰.张学良在美国的最后岁月【M】.北京:中国文史出版社,2012.

6.郭俊胜.走进大帅府,走进张作霖【M】.沈阳:辽宁教育出版社,2009.

7.张复合.中国近代建筑研究与保护【M】.北京:清华大学出版社,2006.

8.杨秉德.中国近代中西建筑文化交融史【M】.武汉:湖北教育出版社,2003.

9.张宏.中国古代住居与住居文化【M】.武汉:湖北教育出版社,2006.

10.刘森林.中华装饰:传统民居装饰意匠【M】.上海:上海大学出版社,2011.

11.蒋广全.中国清代官式建筑彩画技术【M】.北京:中国建筑工业出版社,2005.

12.冯骥才.小洋楼风情:公共建筑【M】.天津:天津教育出版社,1998.

13.陈伯超.沈阳城市建筑图说【M】.北京:机械工业出版社,2011.

14.尚杰.中国砖雕【M】.天津:百花文艺出版社,2008.

15.楼庆西.砖雕石刻【M】.北京:清华大学出版社,2011.

16.徐华铛.中国古民居木雕【M】.北京:中国林业出版社,2007.

17.月生.中国祥瑞象征图说【M】.北京:人民美术出版社,2004.

18.殷伟,殷斐然.中国民间吉祥文化丛书【M】.昆明:云南人民出版社,2005.

后 记
POSTSCRIPT

　　光阴荏苒，物换星移，闻名中外的沈阳大帅府已经历了百年岁月的历史长河，在大帅府基础上建立起来的张氏帅府博物馆也已走过了三十年的发展历程。但自建馆以来，我馆还始终没有编辑出版过一本全面展示帅府建筑装饰之美和反映博物馆原状复原陈列的画册。每年数以百万的观众进入帅府后，更多关注的是这处建筑所承载的历史，更感兴趣的是张氏父子及其家族在这里上演的故事。或许他们也曾惊叹这处建筑的宏伟壮观，也曾迷恋这处建筑的大气幽雅，但要想在短暂的参观过程中对建筑的细节遍览无遗，无疑还是难以做到的。

　　阅读帅府建筑，回味帅府往事，通过一本图文并茂地展示帅府建筑整体与细节的画册，与广大读者共同欣赏帅府精湛的建筑技艺、精美的装饰艺术，感受其宏大的布局、缜密的思虑、绚丽的色彩、幽雅的环境，与广大读者一起去瞻仰、追思、体悟那业已逝去却因其不凡而气象万千的伟大人物与历史时代，是我们编撰这本书的目的。按照此思路，从2014年夏天开始，在郭春修馆长和曲香昆副馆长的指导下，时任保管部主任的赵菊梅拟订了此书的结构框架，并和研究室郝明大、李婷、程亚娟同志一起，参考相关领域已有的最新研究成果，开始了此书的撰写。其中郝明大负责上篇第一章，李婷负责上篇第二章，程亚娟负责上篇第三章，赵菊梅负责概述和下篇的撰写。翌年初书稿完成后，曲香昆副馆长对书稿内容进行了调整，郭春修馆长审阅全书并提出了许多修改意见。

正如从1914年开始动议营建到1918年张作霖举家迁入帅府一样，本书从2014开始策划撰写到2018年出版发行，也经历了四年之久。其间，第一次由于美术编辑、排版效果及照片的拍摄都不尽如人意，导致本书的印刷出版于2015年底胎死腹中。2016年冬，在郭春修馆长的提议下，本书的出版问题再次被提上议事日程。经过精心比较、选择，我们与沈阳智邦文化传媒中心初步达成了照片拍摄与图书编辑意向。

因为需要帅府四季景色，照片的拍摄周期颇长。从2017年1月至今，在沈阳智邦文化传媒中心摄影师管祖北、杨文浩的辛苦努力下，经过一年多的时间终于完成了所有照片的拍摄任务。在书稿的编辑排版过程中，沈阳智邦文化传媒中心于圣军主任，设计师庞利超女士，摄影师管祖北、杨文浩付出了很大的辛苦和努力。2018年1月中旬，排版初稿完成后，郭春修馆长亲自审阅，提出了整体性的修改指导意见；赵菊梅副馆长、研究室副主任程亚娟和郝明大、李婷同志对版式调整方面提出了不少建议，并进行了各自撰写内容的文字校对；办公室张元隆在拍摄四合院的油饰彩绘，研究室李晨希、才璐以及曾经在研究室工作的张娲在文字校对并与宣教部、保卫科相关同志在协助展厅照片拍摄方面做了不少工作。在此一并致谢。

编者谨识

2018年11月